新 潮 文 庫

びっくり先進国ドイツ

熊 谷　徹 著

新 潮 社 版

8099

びっくり先進国ドイツ❖目次

ドイツ人って どんな人たち？

変わり行く ドイツ社会

ドイツ生活を楽しむには？

びっくり先進国ドイツ

ドイツ人ってどんな人たち？

せっかちで文句屋

日本人、特に年配の人の中には、「日本人とドイツ人の性格には似ているところがある」と信じている人が少なくない。またドイツ人の中にも、「日本人はアジアのプロイセン人だ」と思い込んでいる人がいる。ほんとうにそうだろうか。私は一九九〇年にドイツに住み始めたのだが、ドイツ人と働いたり、ドイツ人を欧州の他の国民と比べたりすることによって、日本では知らなかった国民性に気づき始めた。住まなければわからない、ドイツ人の性格のいくつかをご紹介しよう。

ヨーロッパで色々な国を訪れたが、ドイツ人ほどせっかちで、待たされることが嫌いな国民はいない。ある時私は、イタリアのナポリの博物館で入場券を買おうとした。そこでは、北ヨーロッパでは見られない、イタリア的な無秩序さがあたりを支配していた。人々は列を作って並ばずに、三方向から窓口に押し寄せてくる。まるで早朝の満員電車のようだ。この不愉快な押し合いへし合いの中で、英国人や、イタリア人、フランス人らは、我慢強く自分の番が来るのを待っている。ところがドイツ人だけは、ひじでゴリゴリ周りの人を押しのけて、切符売り場に少しでも早く近づこうとするのだ。色々な国の観光客がいる場所だけに、自分だけが良ければ他人はどうなっても良いという、ドイツ人の強引さを象徴するような光景だった。

駅、パン屋、映画館で順番を待っている時でも、ドイツ人はすぐに割り込んでくる。郵便局で長蛇の列ができている時にも、「私は手紙を出すのではなく、ちょっと質問をするだけですから」と言い訳して、列の一番後ろに並ばずに、すばやく横から窓口に顔を突っ込んで質問をする人がいる。理屈はその通りなのだが、図々《ずうずう》しいことには変わりない。日本に比べれば、他人の気持ちを思いやったり、譲り合ったりする精神はゼロである。スーパーのレジなどでお金を出すのが少しでも遅れると、背後で待っている客たちの間から、舌打ちやためいきの音が聞こえてくる。

また、せっかちな性格は、文句の多さとなって表面に出てくる。日本では不平や不満を口に出すのは、弱さのしるしと見られるが、ドイツでは悪いこととは見られない。むしろ、職場などでは不満を上司にきちんと伝えないと、待遇などが改善されない。日本では不平を言わずに、つらさに耐えて黙々と仕事をするのが美徳とされるが、この国では文句を言わないのは、状況に満足している証拠とみなされる。たとえば市電などが少しでも遅れると、「本当にイライラするなあ。待たされるのはたまらない」

と口に出して文句を言う。店先や電車の中でも、聞いている方が恥ずかしくなるような、悪態や呪《のろ》いの言葉、不平・不満を耳にすることが多い。あなたがドイツに住み始めて、自分が何かにつけて文句を言っているのに気づいたら、ドイツ人に近づいた証拠である。

さて彼らのせっかちな性格は、几帳面《きちょうめん》で、効率を追い求める精神の裏返しである。ドイツ人は、仕事に優先順位をつけて、効率的に仕事を片付けるのを好むが、速く目標を達成して、自由時間を楽しむことを誰もが強く望んでいるために、時間をむだにすることが耐えられないのだ。

仕事の面では、この几帳面さがプラスになることもある。ドイツ人の中には、手紙や電子メールによる問い合わせには、必ず、しかも敏速に答える人が多い。日本や米国に比べると、返事が戻ってくる確率ははるかに高く、「仕事上の手紙にはきちんと答える」ということが、ドイツ人にとって強迫観念になっているようにすら思われる。たとえば、私のようなフリー・ジャーナリストが、ドイツ政府の財務省や国防省に、取材のための問い合わせを手紙で送っても、ほとんど例外なく返事が来るのはありがたい。

ある時、オペレッタで有名なミュンヘンの劇場へ行ったら、管楽器奏者が序曲の演

SCHALTER ③
ちょっと質問だけだから、良いでしょ？アメリカまで葉書は航空便でいくら？
POST
Deutsche Post
BITTE ABSTAND HALTEN

奏を間違えた。音楽について素人《しろうと》の私が気づくのだから、相当ひどい。さらに、同じ劇場へ別のオペレッタを見に行った時にも、またオーケストラが音をはずした。聴衆をばかにした手抜き演奏である。私は劇場の支配人に対し、そのことを指摘する手紙を送った。すると支配人から「建設的なご意見をありがとうございました。事実関係を調査しています」という手紙が送られてきた。日本では官庁などに手紙を出してもなしのつぶてということが多いが、こういう手紙をもらえば、怒りも少しは鎮《しず》まるというものだ。

そのかわり、ドイツ人から問い合わせの手紙をもらったら、こちらもすばやく返事を出さなくてはならない。せっかちで文句屋の彼らは、返事が来ないと、侮辱されたと感じるので、人間関係にひびが入りかねないからだ。

究極の個人主義

ドイツの個人主義は、この社会が日本ともっとも大きく異なる点である。しかも、この国はヨーロッパの中でも、個人主義が特に強いと考えられている。日本はチームワークとか他人への思いやり、気配り、グループの調和が重視される社会だが、ドイツはその正反対である。個人の意思がもっとも尊重され、他の人がどう思っても、自分の意見や気持ちを正直に言うことが、正しいと見なされる。理屈さえ通っていれば、他人と違う行動を取ったり、大勢に逆らうような発言をしたりすることは、日本ほど問題視されない。会社でも、自分の任務さえきちんとこなしていれば、「上司や他の人がまだ働いているから、自分も残業しよう」などという配慮は全く必要ない。

そのかわり、自分の言うことが他人を傷つけるかどうかについて、気にしないという人もいる。ベルリンで、極端な例を体験したことがある。誕生日プレゼントをもらったら、気に入らなくても、喜ぶふりをして、感謝するのが礼儀というものだ。しかし、知り合いのドイツ人の娘は、正直に自分の気持ちを言うことが正しいと考えているのか、そのような社交辞令やお世辞を言えない。ある時、その娘に母親が、私の目の前で、誕生日プレゼントをあげたのだが、娘は、嬉《うれ》しそうな顔もせず、「気に入らないわ」とはっきり言ったのだ。ドイツ社会には慣れていたつもりの私だが、この歯に衣《きぬ》を着せぬ物言いには、唖然《あぜん》としてしまった。こうした態度は、他のドイツ人にも時々見られる。

あるドイツ人に自分の苦い体験について話したら、「へえ、自分はそんな目にあわないでよかった」と真顔で言われたことがある。ドイツでは、嘘《うそ》をつくことは悪いという教育が徹底的に行われるが、それが高じて、他人の気持ちを傷つけても、自分の本心を言うべきだという人がいるのである。私の考えでは、これは人間ではなくてロボットのような態度であり、最低限の社交辞令が言えない人は、社会性に欠けると思うが、この国ではそれほど問題視されていないようだ。

ヨーロッパの他の国の市民からは、「ドイツ人はaggressiv（攻撃的）だ」という感想を聞くことがあるが、そうした批判には一理ある。日本で長年暮らしたドイツ人の外交官は、「久しぶりにドイツへ帰ったら、店先などで見かける人々の振る舞いが粗暴なので、ショックを受けた」と話していた。この人は、日本人の店員の柔らかな物腰に慣れてしまっていたので、自分の国へ帰ってあまりの違いにびっくりしたのである。

ドイツの商店ではサービス精神は少ないし、いやいや仕事をやっているせいか、笑顔も見せないぶっきらぼうな店員も多い。またチームワークも日本人ほど得意ではない。この国は個人主義が好きな人には暮らしやすいが、日本のように濃密で情緒的な人間関係に慣れ切っている人には、「冷たい社会」と感じられるだろう。日本で出会うドイツ人たちの間には、外国で暮らしているために、物腰が穏やかで協調的になっている人が少なくない。ドイツに住んでみると、日本で出会うドイツ人たちと随分違う人たちが多いことに気がつく。

さてこのように書いてくると、ドイツ社会は砂漠のように感じられるかもしれないが、日本社会にはない良い面もある。たとえばドイツでは、お年寄りや女性が大きなトランクを抱えて駅の階段を登っていると、通りがかりの人が運んであげたり、女性が乳母車《うばぐるま》を市電に載せるのを手伝ってあげたりするのを、よく見かける。道で物乞《ものご》いをしているホームレスの市民に、お金をあげる人も目立つ。個人主義とは矛盾するようだが、たとえ知らない人でも、困っている人を助ける精神は、日本よりも強いような気がする。あるドイツ人女性は、新宿の地下道で倒れているホームレスを見て、「あの人は病気ではないかしら」と言って助け起こしたところ、本当に病気だったため、救急車を呼んであげた。我々日本人には、なかなかできない振る舞いである。日本では、一部の例外を除くと「厄介ごとと関わりたくない」という人が多いのではないか。日本に十年以上住んでいたフランス人の女性Pさんは、あるとき満員の地下鉄でドアを背にして立っていたため、ドアが開いた時にホームに倒れてしまった。すると日本人のサラリーマンたちは、倒れている彼女を助けようともせずに、Pさんをまたいでいった。ショックを受けたPさんは、二度とラッシュ時の地下鉄に乗らなくなり、まもなく日本を去った。

ドイツ社会からは宗教性が薄くなりつつあるが、困っている人に手を差し伸べる人々の行動の根底には、キリスト教の精神がひそんでいるような気がする。人間関係が日本に比べると希薄な個人主義の国ドイツで、助け合いの光景を見るのは、ほっとさせられる一瞬である。

これ、気に入らないわ！
DIE ZEIT
Krise in der Familie
?

ドイツ人と恋愛

ドイツ人の知り合い、Ｆくんが、いやにそわそわしている。独身貴族の彼は、仕事が終わって自宅へ帰ると、毎日インターネットの世界を散策しているが、あるチャット・ルームで知り合った女性と、今夜始めてデートをするのだという。Ｆくんが顔写真を送ったところ、「会いましょう」という返事が来たのだ。次の日、Ｆくんは有頂天だった。今度の週末は早速パリに一緒に旅行することにしたらしい。「イラン人の医者で、頭が良くて美人だった。今度の週末は早速パリに一緒に旅行することにした」。彼の目の中には、キラキラと星が輝いていた。以前は恋人や結婚相手を募集する広告といえば、新聞が中心だったが、若者の間では、インターネットの「出会い系サイト」で恋人を見つける人が増えている。

一方、気ままな独り暮しをしているドイツ人も多い。私が住んでいるミュンヘンでは、住民の二人に一人が独り暮しをしている。独り暮しをする人が多い理由の一つは、女性の職場進出が当たり前になっており、自活している女性が多いということがある。

企業で女性が重要な役職を与えられているケースは、日本よりもはるかに多い。

もう一つ、独り暮しをする市民が目立つ理由は、ドイツ人の中には自我が強く、恋人に対しても妥協をすることのできない性格の人が多いということである。実際、細かいことで他人を批判してばかりいて、「これでは恋人など見つかるはずがない」と思われる人がいる。六週間もの有給休暇があるドイツでは、そういう人はかなり淋《さび》しい思いをしていることは事実だ。たまたま結婚式に向かう新郎新婦を街で見かけたり、他人が新婚旅行の話をしていたりすると、「ああ、私はそういう体験を絶対できないのね」とこぼす女性もいる。あるドイツ人女性は、「恋人といっしょに新居に移ることにしました。遊びに来て下さいね！」という、幸せいっぱいの通知を、友人たちに送ったが、暮らし始めてわずか二週間で気が合わなくなり、別れてしまった。銀行の弁護士という、キャリアウーマンを絵に描いたような女性だった。

ドイツ連邦統計局によると、一九九一年以来、結婚する人の数は減る傾向にある。一九九九年に一時増えたが、二〇〇〇年にはまた二・八％減って四十二万組になった。平均結婚年齢も遅くなる傾向にあり、男性で三十一・二歳、女性で二十八・四歳である。これに対し、離婚する夫婦の数は年々増える一方で、連邦統計局によると二〇〇二年には二十万四千組が離婚した。これは、一九八〇年に比べて約四十五％の増加である。社会学者の間では、妻が夫の収入に依存する度合いが減ったことが、件数が増加している原因の一つという見方が強い。離婚した時の財産分与の詳細を定めた「結婚契約書」に、結婚前に署名して、離婚の際に財産をめぐるトラブルを防ごうとする人も多い。ちょっとビジネスのようだが、これだけ離婚が多い国では契約書を交わすことも必要かもしれない。

さて若い世代の間では、国籍の壁を越えたカップルが増えている。ドイツ人Aくんは、チェコ人の女性と結婚している。Aくんはチェコ語ができず、妻はドイツ語があまりうまくないので、英語で話しているが、新婚気分いっぱいで、幸せそうだ。

ある時、Aくんの妻の両親がチェコで中古車を運転していたところ、タイヤが外れて事故を起こし、軽いけがをした。Aくんは、「計画していたアメリカでの休暇旅行をキャンセルして、そのお金で義理の両親のためにドイツで車を買って、プレゼントした」と言った。私はこの話を聞いて、ちょっと良い話だなと思った。ドイツ人の間には、物事を自分中心で考え、休暇や遊びを神聖視している人が多いが、Aくんは旅行をあきらめても、妻の両親が安全な車に乗ることの方を重視したからである。Aくんに限らず、外国人と結婚しているドイツ人は、常に異文化と接しているためか、態度が比較的おだやかで、他人への気配りが、平均的なドイツ人よりもいき届いている。

結婚契約書もなしに結婚したいっていうの!?
結婚契約書
Heiratsvertrag
財産分与について
保証書
宣誓供述書

きっとチェコ人の奥さんは、この話を聞いて、Aくんに惚《ほ》れなおすだろう。

第二次世界大戦後に、ボヘミア地方に住んでいたドイツ系住民が、追放されて財産を失ったり、チェコ人によって殺害されたりした問題をめぐって、ドイツとチェコの間には、今も感情的なわだかまりがある。Aくんの家庭のように、国籍を越えた結婚によって、他の民族について理解を深める人が一人でも増えることは、草の根レベルで偏見を減らすことにつながるので、ヨーロッパの未来にとっても喜ばしいことである。統合が急速に進んで、一つの国のようになりつつあるヨーロッパでは、これから国籍の壁を越えたカップルが、ますます増えていくに違いない。

ドイツ人は倹約家

私はドイツで暮らしている内に、ドイツ人と日本人の金銭感覚が大きく異なることに気づいた。

ほとんどのドイツ人は、日本人ほど洋服や靴にお金をかけない。地下鉄やバスに乗ればすぐわかるが、大半のドイツ人は身なりが質素である。フランスやイタリアのように、ファッションで個性を強調しようというおしゃれ心が少ないのである。ある年配のドイツ人は、「西ベルリンの目抜き通りクーダムですら、最近背広を着た人よりも、ジャンパーやトレーニングウエアを着た人の方が多くなった」と嘆いていた。

またわが国のように、強いブランド志向は、ドイツには存在しない。特に若い女性たちが、高級ブランド店の前に列を作って、一個四十万円もするバッグを買うなどという話は、ドイツ人には想像もできない。ドイツでそういう買い物をするのは、ごく一部の富裕層だけである。

また食事についても、ドイツ人は日本人ほど金をかけない。主食である肉やソーセージ、ハム、パン、ジャガイモはかなり安いので、これだけを食べていれば、エンゲル係数は低くて済む。ほとんどのドイツ人の家庭での食事は、日本ほどバラエティに富んでいないのだ。外食産業も日本ほど発達していないし、グルメ志向は一部の高所得者や社用族に限られているので、レストランで食事をする人も日本より少ない。

ミュンヘンで私が住んでいる地区は、地下鉄・市電・バスの停車場の近くなので、スーパーマーケットが五つも集まっており、激しく競争している。その中でも、最も人気があるのは安売り店で、週末にはひどく混雑する。コストを下げるために店員の数は最小限に抑えられている。ほとんどの商品は段ボール箱やビニール袋に包まれたままで、整頓されておらず、牛乳やトイレットペーパーなどは、ビニールの包装を開けて自分で取り出さなければならない。商品を入れるカゴやカートの数も少ないので、客は売り場に散乱している段ボール箱に商品を入れて、レジまで運ばなくてはならない。日本の整然としたスーパーに比べると、不親切だし、倉庫のように見えるが、慣れてくれば気にならないし、他の店に比べると確かに安い。ドイツでは景気が悪いせいもあって、この種の安売りスーパーの人気が高まっており、長者番付の第一位は、ある安売りスーパーの経営者である。

ドイツ人が比較的金をかけるものといえば、住宅と旅行だ。日本に比べると労働時間が短く、自宅で過ごす時間が長いので、快適な住宅環境は重要なのである。だが住宅についても、ドイツ人は自分の手で修繕して、費用を抑えようとする。また日本人の海外ツアーというと、一週間で四十万円もかかるような旅行が多いが、ドイツ人はそれほど金をかけない。トルコやギリシャへのパック旅行ならば、二週間のホテル・飛行機・レンタカー・朝夕の食事込みで、一人につき十万円もかからない。

ドイツ人が倹約家になる理由は、可処分所得が低いことである。ドイツの勤労者の平均年収は、二〇〇二年の時点で二万六千ユーロ（約三百三十八万円）。日本の平均年収は一九九八年の時点ですでに約四百六十五万円だったから、ドイツ市民の年収は、日本人のほぼ三分の二ということになる。しかも、この国では独身の市民の場合、所得の四十・六％が税金と社会保険料として差し引かれてしまう。日本銀行の調べによると、現金や有価証券などを合わせた、市民一人あたりの金融資産も、日本の千百三十六万円に対し、ドイツは半分以下の四百五十一万円にすぎない。

ドイツ市民を所得の高さで分類すると、上位十％が個人資産の四十八％を所有しているのに対し、所得が低い階層に属する五十％の市民は、個人資産の四・五％しか持っていない。つまりドイツは以前に比べると、貧富の差が大きい米国型の社会に近づきつつあるのだ。

こう書いてくると、ドイツは日本に比べて貧しい国に見えるかも知れないが、お金に換算できない「豊かさ」がある。たとえば、都市でも公園が多いため、ジョギングや散策を手軽に楽しめる。ミュンヘン市の統計によると、市民一人あたりの公園・緑地帯の面積は、約三十平方メートルで、東京の六倍である。また人口が一部の大都市に集中しておらず、多くの都市に分散しているので、大都会でも東京のような過密状態になっていない。日本に比べると通勤に時間がかからないし、住宅もゆったりしている。ドイツでの暮らしは、「豊かさ」の概念が世界共通ではなく、国によって大きく異なることを教えてくれた。

¥400,000
€ 0,5
UMWELT
ZULIEBE

SEHR PREISWERT
SONDER-ANGEBOT
PREIS-KNÜLLER
KAFFEE
TEA
MILCH
KÄSE
ÖL

こんなに違う・日本人とドイツ人の身体《からだ》

天は人の上に人を作らず。どの国の人間も平等であることは、間違いない。だが、ドイツに十六年間も住むと、日本人とドイツ人の身体的特徴に、様々な違いがあることに気づく。

ヨーロッパ人は、アジア人に比べると、脚がスラリと長く、頭が小さいために、特に若い頃は一般的にスタイルが良い。これに対し、私はドイツ人の横に並ぶたびに、自分の頭が大きく、胴が長く、手足が短いことに気がつく。

こういった体型を考えると、我々には着物の方が似合うように思える。日本に帰った時に、電車の中や路上で和服姿の女性を目にすると、ことのほか美しく見える。逆に、手足が蜘蛛《くも》のように長いドイツ人には、着物は余り似合わない。

手足が長いと不便なこともある。私の住んでいるミュンヘンのアパートの部屋は四階にあるが、ここには身長が百九十センチもある、手足の細長いドイツ人が住んでいた。彼はまだ三十代だったが、毎日階段を上り下りしているうちに、脚に痛みを感じ始めた。そして医師から「一階に住むようにしないと、歩けなくなりますよ」と指摘されたため、引っ越さざるを得なくなったのである。若い頃には、カモシカのようにほっそりした脚は格好が良いけれども、年をとって体重が増えると、脚に故障をきたす人も多いようだ。

さらに日本人とドイツ人の間では、老化の進み方に大きな差がある。特に目立つのが肌の衰えだ。アジア人の肌はきめが細かく、ヨーロッパ人に比べると長い期間にわたって、みずみずしさが保たれる。ドイツでは、三十代から手や顔にしわが目立ち始める人も多い。このため、欧米に住むアジア人は、一般的に実際の年齢よりも若いと思われることが多い。四十代なのに二十代と思われた日本人女性もいる。

またドイツ人の男性には、日本人に比べると、若いうちから頭髪が薄くなる人が圧倒的に多い。ドイツの町を歩くと頭髪をほとんど剃《そ》ってしまっている若者を時々見るが、彼らは必ずしも、危険な極右のスキンヘッドではない。頭髪の一部が薄くなったために、思い切って全体を剃ってしまったという男性を、何人も知っている。頭髪と言えば、大半のドイツ人の髪は、日本人の髪に比べると、細くサラサラしている。ドイツで理髪店に行くと、「こんなに太くて硬い髪の毛を切るのは初めてだ」と言われることがある。

さて日本人は農耕民族と言われるが、ドイツ人の身体には、彼らが狩猟民族だったことをうかがわせる特徴がいくつか見られる。まず、寒さに対する抵抗力が、日本人に比べるとはるかに強い。気温がマイナス十度の真冬でも、会社などで「新鮮な空気が欲しい」と言って窓を開け放つ人は多い。また、やはり空気の新鮮さを保つためという理由で、真冬でも夜は窓を開けたまま眠る人が多いが、私などがそんなことをしたら、一晩で肺炎になってしまうだろう。

さて一般的に、ドイツの職場や住宅は、日本人の目には暗く見える。会社では、冬の午後日がとっぷりと暮れて、暗くなっても、部屋全体を照らす電灯をつけずに、卓上の小さな電灯だけで仕事をしている人が少なくない。家庭でも、ドイツ人がテレビを観《み》る時に部屋の灯りを全部消したり、ろうそくの灯りだけで夕食を取ったりするのを、よく見かける。日本のように「暗い所で本を読むと目が悪くなる」という人はあまりいない。むしろ、明るい蛍光灯の光を嫌う人が多い。

つまりドイツ人など白人は、我々アジア人に比べて、暗い所でも良く目が見えるのである。そのかわり、彼らは晴天の日には、太陽の光がまぶしすぎるので、すぐにサングラスをかける。このいわば自然の暗視装置は、アジアに比べると天候の悪い日が多く、日照時間が少ないヨーロッパ北部に住む民族に、長い歳月をかけて備わったも

洋服よりも
こっちの方が
いいや……
よく
似合いますよ!

のなのではないだろうか。

外国暮らしの面白い点は、日本にいたら気がつかないことを意識させられることだ。ある時ドイツ人の知り合いが、私の顔をまじまじと見つめて「あれっ、熊谷さん、今日は顔が黄色いですね。病気ですか？」と言った。この人は別に外国人を愚弄《ぐろう》しようと思ってこう言ったのではなく、無知であるために、アジア人の肌がもともと黄色いということを本当に知らなかったのである。これは、私にとっても、自分が黄色人種に属するという事実を、初めて意識した瞬間でもあった。日本だけに住んでいると、自分が黄色人種だということはほとんど意識しない。この発言は、考え方によっては差別的な言葉だが、目を開いてくれるような新鮮な感覚だったので、不思議と差別されたような気分にはならなかった。日本の外で暮らす毎日は、良いにつけ悪いにつけ、自分を非日常的な目で眺めさせられるような、新しい体験の連続なのである。

電車の中の勇気

ドイツに初めて来る日本人や米国人から、「ネオナチによる暴力事件は、よくあるのでしょうか」と質問されることがある。ドイツでネオナチが事件を起こすと、外国のマスコミがこぞって取り上げるからであろう。東西ヨーロッパを分断していた鉄のカーテンが崩壊した直後の一九九二年には、東欧などから多数の外国人が亡命者を装ってドイツに流入して、市民の不満が高まったのを背景に、頭をツルツルに剃った右翼の若者らが大暴れした。この年だけで、極右勢力による暴力事件が、約二千三百件も発生し、外国人ら十七人が殺されている。その後ドイツ政府がネオナチ団体を禁止するなど、取締りを強化したため、二〇〇二年には、極右による暴力事件は三分の一に減って、七百七十件前後になっている。

私が住んでいるバイエルン州は警察力が強く、治安が比較的良いことで知られている。たとえば地下鉄の駅では、定期的に警察官が巡回しているのを見かけるし、壁に書かれた落書きもあっという間に消されてしまう。このため私自身は、過去十六年間に、ミュンヘン市の公共交通機関を利用している時に、極右にいちゃもんをつけられたり、襲われたりした経験はない。だがベルリンや旧東ドイツでは、不愉快な経験をした日本人もいる。ある日本人は、ベルリンの地下鉄内でネオナチに殴られそうになった時、「ハイル・ヒトラー！　我々日本人はかつてドイツと同じ側で戦いました」と言ってナチス式の敬礼をしたら、見逃してもらえたという、あまり笑えない経験をしている。この国では、極右の暴力は間欠泉のように時おり社会の表面に噴き出てくるので、経済状態などが悪化した場合に、似たような状況が起こらないという保証はない。特に、地下鉄やバスの中で起きる車内暴力は、なかなか根絶されない。

この問題について、最近ドイツの映画館で、政府が広報コマーシャルを流している。場面は、夜の地下鉄。電車の座席が古めかしい木製なので、ベルリンとわかる。東ベルリンの地下鉄では、ネオナチの若者が外国人をなぐったり蹴《け》ったりする事件が時々起こる。

扉が開いて、五、六人の男女が車内に入ってくる。車内暴力を見かけた時に、どうやって止めに入るかを学んでいる人たちだ。先生らしき男性が、若い女性に言う。

「では私がネオナチで、外国人をなぐっているとしましょう。どうやって注意すればいいか、やってみて下さい」

他の乗客が見ているので恥ずかしいのか、女性は小さな声で「その人は、何も悪いことをしていないのだから、やめなさい」と言う。先生が「もっと大きな声を出さなければ、だめです。ただし、相手に近づくと自分が危害を加えられる恐れがあるから、前には出ないように。言葉だけで」。若い女性は、深呼吸してから、ありったけの声と鬼のような表情で「その人は、何も悪いことをしていないのだから、いい加減にやめなさーい!!」と叫ぶ。先生すら一瞬たじたじとなるほどの迫力。先生は「そう、それでいいんです」と女性の怒鳴り声に合格点を与えた。すると、グループの実習風景を見ていた地下鉄の乗客の一人が手を上げて「あのう、私もやってみてもいいでしょうか」と先生に尋ねる。

ドイツでは、通りがかりの人が、道などで困っている人を助けている場面によく出会うが、ネオナチの暴力行為を止めに入ると、自分もとばっちりを食う恐れがある。このため、さすがのドイツ人もためらうことがあるようで、旧東ドイツでは、外国人や女性が乗客の目の前で、暴力にさらされるという事件が報告されている。ある町では、アフリカ人がネオナチの若者に商店街の中で追いかけられて、ガラスのドアにぶつかって大けがを負ったこともあった。この時も、若者たちを止める人はいなかった。

そこで、政府がこのようなコマーシャルを流しているのだろう。こんな場面に出くわしたら、どう対処すれば良いかをわかりやすく解説する、良いＣＭだ。日本でも、最近深夜の電車などで暴力事件が増えている。東京の電車の中で、荷物をたくさん持ち、子どもを連れている女性の近くで、若者が席に座っていたので、ある男性が若者に「席を譲りなさい」と注意したところ、下車後に若者に尾行されて、鉄棒で殴られ、瀕死《ひんし》の重傷を負った事件もある。

車内暴力を見た時に誰の頭にも浮かぶのは、「触らぬ神にたたりなし」という言葉だろう。日本にはキリスト教的精神に基づく、見知らぬ人でも助ける姿勢が欧米に比べて少ないだけに、単なるエゴイズムが、「個人主義」の衣をまとって正当化される危険が強い。電車の中の勇気を呼びかけるドイツ政府のＣＭは、我々日本人に対しても向けられているような気がする。

その子は何も悪いことをしていないのだからいい加減にやめなさーい‼

さらば形式主義

ある時、ドイツの公共放送局が、日本の教育に関するドキュメンタリー番組を一時間にわたって放映した。そこでは、学校での授業の様子や、多くの児童たちが放課後も塾へ通う実態が取り上げられており、全体のトーンは「日本の子どもたちには、ドイツの子どもたちに比べて自由がない」というものだった。ドイツでは学校の授業が毎日午前中で終わり、塾もなく、夏休み中の宿題も一切ない。こんな国から来たディレクターや記者に、日本の教育がスパルタ式に見えるのは、無理もないことだろう。

また、ドイツの学校には朝礼や運動会もない。私は日本の伝統的な習慣を批判する気はないが、事情を知らないドイツ人が、朝礼の様子を見たら、「日本は形式を重視する国だ」と考えるかもしれない。

この番組の中でドイツ人たちの目についたのは、日本の中学校の生徒たちが、制服を着ていることだった。それもそのはず、ドイツには学校の制服というものは、存在しない。小学校からギムナジウムまで、一貫して私服である。日本の学校では時々、靴下の色から、女子生徒のスカートの長さまで規則で決められているのに対し、ドイツの子どもたちの服装は、Tシャツから迷彩服、パンク・ファッションまで、千差万別。子どもの頃から自由に慣れ切っているのである。

私服が当たり前のドイツ人には、日本の子どもたちが制服に身を固めて授業に出席したり、体操着に着替えて校庭に整列し、先生の号令の下に「前へならえ」をしたりする光景は、珍しいものに感じられるに違いない。

また、日本では銀行など、一部の企業のオフィスでも、社員が制服を着ている所があるが、ドイツでは、オフィスで仕事をする人が制服を着ているのは見たことがない。ドイツで制服が残っている職業と言えば、地下鉄や市電、バスの運転手やスチュワーデスか、警備保障会社くらいである。

ここには、日本とドイツの間にある考え方の違いが、はっきり現れている。日本の学校や企業では、クラスやチームの調和を重んじるので、制服を着ることで一体感や団結心を演出しようとしている。これに対し、ドイツの学校や企業では、グループの調和よりも、個人の自由を尊重するので、制服は廃止されているのだ。もしもドイツの会社で、一部の女性社員だけに社内で制服を着せることにしたら、「差別だ」として、女性や労働組合が猛烈に反発するだろう。

ドイツの若い世代が形式を重視しなくなっていることを示す、エピソードがある。私の知っているドイツ人学生は、アジアのある国の言語を自由に使うことができ、その国に関して非常に深い知識を持っていた。なんと彼は、ドイツ政府の外交官試験の面接に、ネクタイはおろか背広も着ずに、ジーンズ姿で臨んだのである。他の学生は、すべてスーツ姿である。面接官は驚いて、「なぜ君は背広も着ずに面接に来たのか」と尋ねたが、学生は何食わぬ様子で、「これからの外交官にとっては、見かけよりも中身が重要だと思うからです」と答えた。じつに生意気な答えだが、彼はみごと試験に合格し、今では外務省で重要なポストについている。

外交官といえば、形式や儀礼を重んじる職業である。日本であれば、ジーンズ姿で試験に来ただけで、不合格になるのではないだろうか。ドイツ外務省も、形式より才能を重視して、この型破りな学生を、国を代表する外交官として採用したのである。私はこの話を聞いた時、新しいドイツ社会の、個人の自由を重んじる気風を感じた。

ドイツ人が形式主義を嫌うことは、結婚式の披露宴を見てもわかる。日本では、仲人《なこうど》に始まって友人、同僚など祝辞が多く、式の進行を分刻みで計画しなくてはならない披露宴が多い。神妙にスピーチを聞いていなくてはならないので、客が窮屈に感じることも少なくない。ドイツでは祝辞を述べるのは一人か二人で、あとは客が新郎

Auswärtiges Amt

新婦と話をしたり、朝三時ごろまでダンスをしたりして楽しむパーティーがほとんどだ。

天皇陛下が訪独された時、歓迎式典などの準備にあたっていたドイツの外交官が、「日本の外交官は、行事を分刻みで計画しようとしますね。我々は、とてもあそこまで完全主義者にはなれません」と苦笑していた。現実の世界には突発的な事態がつきものであり、分刻みで計画を立てても、ほとんどの場合はプログラムとの間にずれができるので、意味がないという考え方だ。それでも我々日本人は、ついつい細かく計画を立ててしまう。ここには我々が小学校で運動会や遠足の際に経験した、分刻みの計画表の記憶が生きている。ドイツで生活する場合には、日本にいる時よりも形式を減らして、実質を取ることが、快適に暮らす秘訣《ひけつ》の一つと言えるかも知れない。

住所とドイツ社会

ＮＨＫ神戸放送局で働いていた時、私は五年間にわたり事件記者だった。いわゆるサツ回りという、日本のジャーナリズムの基礎講座である。事件記者は、昼間に警察が発表する内容だけを記事にしているようでは、失格である。特ダネ情報をつかむには、刑事さんの家に出かけて、いわゆる夜討ち朝駆けを行わなくてはならない。

コンピューターが発達していなかった一九八〇年代初めの日本では、どのマスコミの支局にも「住宅地図」という大判の地図帳があった。この地図には、特定の区や町の住宅が、一軒ごとに居住者の苗字《みょうじ》入りで記入してある。したがって、刑事さんの住所を割り出して、家へ行ったり、事件現場に駆けつけたりするためには、この地図が、とても心強い味方であった。だがこの地図のコピーを持って現場へ出かけても、めざす住所がすぐに見つかるとは限らない。

まず丁目や番地の数字は、どちらの方に向かって増えるのか、きまりがないので、表示板を見ながら、あっちへ行ったりこっちへ行ったりしなくてはならない。さらに、丁目や番地が道路で切り離された飛び地のようになっている場合もある。また、都市部を離れて、××郡字××のような地域へ行くと、町名の表示もないことがままある。こうなると、車でその付近をぐるぐる回らないと、目的の住所を見つけることはできない。刑事さんの家へ行くのは早朝か深夜が多いので、暗くて住所の表示や表札も見えにくい。夜回り取材には懐中電灯が必需品だった。星空の下、捜査員の家を探して夜道を歩きながら、住所が複雑な日本の郵便配達人は大変だろうなあと思ったものだ。

この点に関しては、ドイツは日本の正反対である。ドイツのほとんどの町では他の欧米の国々と同じく、全《すべ》ての道に名前が付いているから、住所を見つけるのは、日本に比べるとはるかに簡単である。しかも、たいてい道の片側では家の番号が偶数、反対側では奇数になっているので、探し回る手間は少なくて済む。またドイツの町では、青地に白い字で通りの名前を大きく書いた表示板が、至る所に立てられたり、壁に貼《は》られたりしているので、住所を見つけるために日本ほど苦労することはない。このわかりやすい住所表示システムには、あいまいなことを嫌うドイツ人の性格がにじみ出ていると思う。何につけても白黒をはっきりさせたがるのが、ドイツ人なのである。また、自動車で旅をしていても、道路の表示がわかりやすく、地図がなくても大体の方向はつかめるようにできている。日本ほどカーナビゲーターが普及していないのは、そのためだろう。

イタリアやギリシャなど南ヨーロッパの国に行くと、ドイツほど住所や道路の表示がはっきりしていなかったり、見えにくくなったりしていることが多く、道に迷うのは日常茶飯事である。南欧で住所探しに苦労していると、ドイツの住所表示システムがよく整備されていることを痛感する。

日本では、アパートに住んでいる人に手紙を送るには、「××町4－21－7、××マンション512号」というように、アパートの名前や部屋の番号まで書かなくてはならないが、ドイツではアパートに住んでいても、Maria-Theresia-Straße 81 というように家屋番号を書くだけで手紙は届く。部屋の番号まで書く必要はないので、住所は短くて済む。

ただし、ドイツで道に迷うことが全くないわけではない。私が途方に暮れたのは、統一直後のベルリンだった。社会主義時代の東ドイツには、共産党の幹部の名前を付けた通りが、たくさんあった。しかし一九九〇年に東ドイツ政府が消滅して以来、西ドイツ人たちはそうした名前を次々に消していったのである。このため、ベルリンに取材で行くたびに、道の名前が変わってしまい、持っていた地図が役に立たないことがよくあった。

たとえば、森鷗外《おうがい》はベルリンに滞在していた時に、中心部のシャリテ病院に近い所に下宿していたことがあり、その建物が今も残っている。この下宿跡があるルイーゼン・シュトラーセという通りには、戦後ドイツ東部に社会主義政権が君臨するようになると、ウルブリヒトの同志で、一九五〇年代にドイツ社会主義統一党（SED）の政治局員だったヘルマン・マテアンの名前が付けられた。だが、ベルリンの壁崩壊後、東ドイツ政府が消滅すると、政治局員の名前は削られて、再びルイーゼン・シュトラーセに改名された。このような例は、統一直後の旧東ドイツのいたるところで体験した。社会主義時代には著名だった人の名前が、道路名の表示板から次々に姿を消していくのを見て、旧東ドイツ市民は体制の急激な変化を、強く感じたに違いない。

Luisenstraße
ドイツでは町の至る所にこのような標識が立っています。

神戸市
東灘区魚崎二丁目
5-16
佐藤
?

犬の孤児院

ドイツ人の動物愛護精神の強さは、日本人の想像を超える。なにしろ犬を地下鉄やバス、市電に乗せたり、レストランや喫茶店に連れて行ったりすることまで許されているのだ。化粧品や薬品が生体に与える影響を調べるための、苦痛を伴う動物実験を禁止するよう求めている動物保護団体もある。ノルトライン・ヴェストファーレン州の農業省は、「養鶏場で何万羽ものニワトリを狭い小屋の中に押し込めるのは、動物虐待《ぎやくたい》にあたる」として、ニワトリ一羽に最低確保するべきスペースを、A４の紙一枚にあたる広さから、A４の紙一枚半相当に広げることを求めて、日本の最高裁にあたる連邦憲法裁判所に提訴した。人権ならぬ「ニワトリ権」をめぐる憲法訴訟である。

また牛や豚をトラックで輸送する際にも、家畜が渇きに苦しまないように、一定の時間ごとに車を停めて休憩させたり、水を飲ませたりすることが、法律で義務付けられている。

日本では、犬が一日中鎖につながれたままで、十分運動ができないようになっている家をよく見るが、ドイツでそのような犬の飼い方をしたら、たちまち周りの住民から「動物に苦痛を与えた罪」で、警察に告発されてしまうだろう。

ドイツ語でホームレスの人に仮の棲家《すみか》を与える施設をObdachlosenheim（オプダハローゼンハイム）というが、ドイツにはその動物版もあり、Tierheim（ティーアハイム）と呼ばれる。ミュンヘン郊外のリームという地区や、ドナウ川に近いパッサウでそうした施設を訪れたことがある。ティーアハイムの語感は、野犬収容施設とも違い、直接日本語に訳しようがない言葉である。動物の孤児院とでも呼ぶべきこの施設は、ドイツ人の動物愛護精神を凝縮したような場所である。

運営するのは地域の動物愛護協会で、費用は地方自治体の補助や市民からの寄付でまかなわれている。ほとんどの職員は無給で働くボランティアで、筋金入りの動物愛好家でもある。収容されているのは、飼い主が引っ越しする際に捨てられたり、外国から密輸される際に、税関に発見されて押収《おうしゅう》されたりした犬や猫。たとえばドイツでは二十一世紀になってから秋田犬や柴犬《しばいぬ》が珍重されており、高く売ることができるため、検疫《けんえき》を受けずに犬を車のトランクに押し込んでドイツに持ち込もうとする人がいるが、発見された犬はこうした施設に送られてしまう。

施設は週末などに、見学者に対して開放されており、訪れた市民は動物の檻《おり》を見て回って、気に入った動物がいたら、無料でもらうことができる。犬が最も多いが、ウサギやモルモット、小鳥や猿、ヤギもいる。ただし、前の飼い主の気が変わって、動物を引き取りに来てトラブルが起こることを避けるために、施設側は新しい飼い主の名前を絶対に公表しない。

檻の前のビニール袋には、「履歴書」が入れてあり、犬の年齢、種類、性格、入所日、部屋の中で粗相《そそう》をしないようにしつけられているか、車に乗せても怖がらないか、猫や子どもが好きか嫌いか、人を噛《か》んだことがあるかどうかなどが、ドイツ的几帳面《きちょうめん》さで細かく記入されている。たとえば、雑種の「テスィー」は、旧ユーゴスラビアのノビ・サド出身。周りで神経質な犬が吠《ほ》えまくっていても、じっと黙って、悲しそうな目で金網ごしに、我々を見つめている。ノビ・サドと言えば、コソボ戦争の時にNATO（北大西洋条約機構）軍の激しい空爆にさらされた町である。飼い主が爆撃で亡《な》くなったため、孤児となってドイツに引き取られてきたのだろうか。

別の檻には、プードルがまざった雑種の母親と子犬が二匹。職員によると、三匹とも飼い主によって、高速道路の休憩所に捨てられていた。子犬は無邪気に尻尾《しっぽ》を振っているが、母親は人間に受けた仕打ちに怒っているのか、誰にでも吠えかかる。ドイツでは、犬や猫を捨てる場所として、高速道路の休憩所がよく使われる。短時間で、

ペットたちが帰って来られないくらい遠い場所に行けるからだろう。

長い「収容所生活」に疲れたのか、人の愛に飢えているのか、やたらと吠える犬が多いが、「住環境」は悪くない。明るい檻は掃除が行き届いており、清潔だ。一匹の犬につきタタミ一畳くらいのスペースがあるほか、くぐり戸を通って、庭で遊ぶこともできる。

ただ、口角泡を飛ばして動物への愛を語るドイツ人たちを見ながら、違和感を覚えることがある。恵まれない動物を助け、「生活水準」を向上させるために市民や地方自治体、マスコミそして裁判所までが時間と労力を費やすのは、もちろん尊敬すべきことだ。だがイラクや、アフガニスタン、アフリカ諸国で人間たちが味わっている悲惨や貧困について読むたびに、市民が動物の権利保護にこれだけ情熱を傾けるドイツは、平和な国だとつくづく思う。

罰金の国ドイツ

うららかな陽光がふりそそぐ、ある日のミュンヘン。日本人女性のFさんは、街路樹の緑と春の日ざしを楽しみながら、自転車に乗っていた。春や夏の天気が良い日には、自転車はミュンヘンで最も快適で、人気のある乗り物だ。この町では、ほとんどの車道と歩道の間に、自転車専用レーンが作られている。すると歩道に立っていた二人の警察官が、Fさんを呼び止めた。「あなたは自転車専用レーンを、逆方向に走っているではありませんか」。

ドイツでは法律によって、自転車専用レーンを自転車で走る場合、そのレーンに沿った車道の車と、同じ方向に走らなくてはならない。しかし現実には、自転車で逆方向に走っている人は少なくない。さもないと遠回りになってしまうことが、よくあるからだ。このためFさんも、「短い区間だから、大丈夫だろう」と思って逆走していたところ、運悪く警察官に見つかってしまったのだ。

だが気丈なFさんは「そんな法律がいつからあるのですか」と反撃した。すると警察官いわく「ずうっと昔からあります」。この答えを聞いて、思わずFさんは笑ってしまった。ドイツ社会には、張り詰めた雰囲気を和らげるための笑いというものはないので、こういう時に笑うのは禁物である。この警官も「一体なにがおかしいんだ！」と言って、一段と機嫌を悪くした。

警官はばかにされていると思い、権力を誇示する必要があると感じたのか、罰金として現金十マルク（まだユーロがなかった頃の話である）をその場で支払うよう命じた。十マルクは約六百五十円だが、購買力を加味した現地の感覚では千円に近かった。Fさんは、「自転車専用レーンを逆方向に走っているドイツ人はいくらでもいるのに、自分だけが罰金を取られるのはおかしい」と思ったが、ピストルを腰に差した屈強な警察官二人の前には、日本人女性の抵抗も歯が立ちそうにない。しぶしぶ財布から十マルクを取りだした。

Fさんは、「自分は外国人だから狙《ねら》われたのだ」と固く信じているが、私はそうではないと思う。警察官は違法行為を目撃したら、厳格に取り締まらざるを得ないのだ。たとえばあるドイツ人女性は、赤信号の時に自転車で道を横断したところ、道の反対側にたまたま警察官が立っていた。この結果、女性は百六十マルクもの罰金をその場で取られた。警官は「目の前で信号無視をするとは、本官を侮辱するにもほどがある」と怒っていたそうだ。

また日本人観光客にも馴染《なじ》み深いミュンヘンのマリエン広場には、フーゲンドゥーベルという書店がある。ある日、この書店で工事が行われ、前の道路が狭くなっていたため、「自転車に乗った人は、降りて自転車を押して下さい」という道路標識が立てられていた。ところが、ほとんどの人は道路標識を無視して、自転車から降りなかったため、待ち受けていた警官たちが、自転車から降りなかった人たちを片端から捕まえて、罰金十マルクを取り立てた。まるで通行税でも取るようなやり方に、ドイツ市民の間からもさすがに批判の声が上がった。

概して、この国では罰金を取られることが日本よりも多い。たとえば駐車違反の取り締まりも日本よりはるかに厳しい。ある時、自宅前の道路に駐車スペースが見つからなかったので、車を歩道に停めてハザードランプを点滅させ、家に入って用を足した。十分後に車の所に戻ったら、もうワイパーとフロントグラスの間に罰金の支払い命令書が入れられていたことがある。氷雨《ひさめ》が降る日曜日の夜、「こんな日は警官が見回りに出ないだろう」と思えるような時でも、駐車違反の取り締まりはきっちりと行われている。「駐車違反の罰金は、駐車料金みたいなものだ」とこぼすドイツ人も少なくない。

地下鉄やバス・市電には全く改札がないが、切符を買わずに交通機関に乗ったことが、私服の検札官の抜き打ち検査によって見つかった場合、四十ユーロ（約五千二百円）の罰金を取られる。キセルが何度もばれると、警察に突き出されて前科者になってしまう。違反者の厳しい取り締まりには、法律や規則を守ることに人一倍神経質な、ドイツ人の国民性も反映しているのだろう。読者の皆さんも、ドイツでは「外国人だから」という言い訳はほとんど通用しないので、ご注意下さい。

抗議の精神

私の住んでいるミュンヘンのアパートから四軒左隣に、化粧品や洗剤、トイレットペーパー、ペットの餌《えさ》などの雑貨を売る、小さなスーパーマーケット「シュレッカー」がある。狭い店内に商品が詰め込まれているので、通路は一人が歩くのがやっとで、買い物かごを持っていると、振り向くことすらできない。このため、前に人がいる場合には、商品を選んだら通路の真ん中で待つか、後ずさりしなくてはならない。人件費を節約するためか、レジも一つしかないので、買い物客がいつも長い列を作っている。

レジの所に座っている中年の女性店員は、最近働き始めたばかりのようで、商品の値段をレジスターに打ち込む手つきが、おぼつかない。言葉に、旧東ドイツのザクセン地方のなまりがあるのが、外国人の私にもわかった。旧東ドイツで失業した後、なかなか仕事が見つからないので、比較的景気の良いミュンヘンに流れ着いたのだろうか。

店の外では、春の柔らかな日差しが歩道に降り注ぎ、鳥のさえずりが聞こえる。店員も、レジの前で自分の順番を待っている客たちも、「せっかく天気が良い土曜日なのに、なぜ自分はこんな所で時間をむだにしなくてはならないのだ……」と言わんばかりの表情である。

さてレシートを店員から受け取った若い女性客が、けげんな表情で言った。「へんね。つい最近この商品を買った時には、こんなに高くなかったのに……」。いかにも不慣れな店員がミスをしたのではないかと言わんばかりの剣幕で、レシートと店員をにらみつける。店員はレシートの値段をもう一度確認して、自分が間違っていないことを客に伝えたが、よほど腹にすえかねたのか、「(この客は) なんてことを言うのかしら……」と捨て台詞《ぜりふ》を吐いた。すると、レジの前に立っていた三人の若い女性たちが、店員に向かって口々に抗議したのだ。「あなた、そんな意地悪な言い方をしなくても良いんじゃない？」「そうよ、値段が間違っていないかどうか、確認する権利は誰にでもあるでしょう」。

ドイツの店員は、日本や米国に比べると、おそろしく愛想が悪く、客を客として扱わない不届き者が少なくない。従業員に対する教育が行き届いておらず、競争が激しくないことが理由であろう。映画館の窓口で、切符の売り子から、客がどなりつけられることもある。店員の態度に不満を持っていないドイツ人は、まずいないだろう。このわびしげなスーパーのレジの前で、客たちの日頃積もりに積もった不満が、火山の溶岩のように、一斉に噴き出した感じだった。分厚い眼鏡をかけ、髪をぼさぼさにした店員は、集団抗議の前に押し黙ってしまった。

日本ではちょっと想像できない光景である。ことほど左様に、ドイツ人は気に入らないことがあると、人目を気にせずに、はっきりと口に出して文句を言う。ヨーロッパの様々な民族の中でも、ドイツ人は「歯に衣《きぬ》を着せずに話をする、遠慮のない民族」として知られている。泣き寝入りをしたり、気に食わないことを我慢したりするのが、とにかく大きらいなのだ。日本人ならば、他の人が見ている前で、店員に文句をつけるなんて、気恥ずかしくてやりたくないし、のんびりした土曜日の気分がぶち壊しになってしまうと思うだろうが、ドイツ人はためらわない。

ベルリンの学校で、生徒が試験の成績を不満に思って、先生に抗議したが受け入れられなかったために、裁判を起こして、採点結果を修正させたという話を聞いたこともある。

また不言実行が美徳とされてきた日本と違って、思ったことを正直に言うこと、自分の成果を堂々と売り込むことが、評価される社会でもある。一部の例外を除くと、

先生！
この点数は
不当です。
とても
納得できません。
「優」にして
くれなければ
先生を
訴えます。
mangel-
haft
（不可）

自分の言ったことが、相手の感情にどういう影響を与えるかについては、あまり気にしない人が多い。感受性よりも、理屈が優先する国なのである。

だから、人から言われたことについて、いつまでもクヨクヨしていたら、この国では生きていけない。批判を馬耳東風と聞き流すか、逆に抗議するような姿勢が必要である。日本に比べると精神的に疲れる社会ではある。ドイツでは結婚しているカップルの三分の一が最終的に離婚に至ると言われるが、理屈と自分の権利を優先させ、抗議することが好きで、人と対立することをいとわない国民性と大いに関連があるだろう。

しかし、日本の銀行、証券業界、中央官庁などで、泣き寝入りや「触らぬ神にたたりなし」という態度を続けてきたがために、問題がかえって深刻化したケースがあったことを考えると、「おかしい」と思ったことに抗議するドイツ人気質には、評価するべき点もあると思うのだが、どうだろうか。

アルコールという悪魔

日本で夜に電車に乗ったり、繁華街を歩いたりすると、お酒を飲みすぎて、前後不覚の状態に陥っている人をよく見る。ところがドイツでは、公《おおやけ》の場で酩酊《めいてい》状態になっている人を見ることが、日本よりもはるかに少ない。その理由の一つは、酒に酔ったことをはっきりと人目にさらすのが、恥ずべきことと考えられているためである。

日本では、酒を飲んだ時に性格が変わったように、横柄《おうへい》で乱暴な態度になったり、酔いつぶれてしまったりする人に対しても、あまり頻繁でなければ、周りの人は「酒の席でのことだから、大目に見よう」とか、「きっといやなことがあって、酔いつぶれたかったのだろう」と考えることが多い。だが、ドイツにはこのような、ある意味で寛容な態度はない。酔いつぶれるのは、自分をコントロールできない、弱い性格の表れと見なされ、軽蔑《けいべつ》される。

もう一つ、公衆の面前で酔いつぶれる人が少ない理由がある。それは、我々日本人に比べてアルコールに対する許容量が大きいのである。日本ではビールやワインをグラスで一杯飲んだだけでも、顔が真っ赤になってしまう人がよくいるが、ヨーロッパではあまりそういう人を見かけない。これは、身体《からだ》のつくりの違いによるものであろう。ドイツでは、日本と違って、ビールやワイン一杯くらいならば、酒を飲んで車を運転することが許されている。血中のアルコール濃度が一定の水準を超えなければ、飲酒運転とみなされないのだ。しかし、この酒に対する強さが、ドイツではある深刻な問題を生んでいる。

二〇〇三年も押しつまったある日、十四年前から知っているドイツ人Bから、一通の電子メールが届いた。彼は八年前にドイツの日本企業の駐在員事務所から解雇された後、仕事を見つけることができず、アルコール依存症になって、病院に入院したり退院したりする生活を繰り返していた。失業してからは、強度のうつ病にもかかっていた。「知り合いの女性の家にいそうろうしていたが、きのう喧嘩《けんか》になり、追い出された。今は公園で寝起きしているが、とても寒い。数日前からろくに物を食べていない。少しで良いから、お金を送ってくれ。こんなお願いをするのは、恥ずかしいが、どうしようもないくらい困っている。一度でいいから助けてくれ」。メールの末尾には、銀行の口座番号が書かれていた。

彼が失業して困っているという話は聞いていたが、金を無心してきたことは、これまで一度もなかったし、まさか家の中でも寒いドイツの冬を、路上で過ごすまでになっているとは、知らなかった。ホームレスとなったBは、おそらく、インターネット・カフェからこのメールを送ってきたのだろう。メールには、「金が夕方には口座に入るように、至急便として振り込んでくれ」とまで書いてあり、困窮している様子がうかがわれた。

Bは日本企業で働いていた頃は羽振りがよく、ポルシェのスポーツカーに乗り、食事を何度かおごってくれたことがある。私は妻と相談して、なにがしかの金を口座に振り込み、「酒を買わないようにして下さい」というメールを送った。彼はメールの中で、一緒に住んでいた女性もアルコール依存症だったと書いていた。病院を出た後は、酒を断っており、食事の時にも水しか飲まなかったのだが、再び悪魔にとりつかれたのであろう。

Bは、ドイツでアルコール依存症に苦しむ百六十万人の市民の一人にすぎない。定期的に大量の酒を飲む市民も含めると、アルコールのとりこになっている人の数は、八百万人にのぼるが、これはドイツ市民の十人に一人にあたる。厚生労働省によると、わが国では日本酒に換算して一日あたり三合以上飲む大量飲酒者は、成人男性の四％、女性の〇・三％にすぎず、ドイツでのアルコール問題は日本よりもはるかに深刻であることがうかがわれる。日本人なら泥酔《でいすい》してしまうような量を飲むことができるために、アルコール依存症になる人も多いのかもしれない。

学生の頃にルール工業地帯で知り合った労働者は、施設でリハビリする前には、シュナップスという、とうもろこしから作るウオッカのような強い酒を、毎日一本ずつ空にしていた。ミュンヘンのあるサラリーマンは、客を接待する際に、シュナップスのびんを一本空けて平気な顔をしていたが、ある日心臓まひで亡《な》くなった。いずれも典型的なアルコール依存症である。

パーティーやレストランで飲む少量のアルコールは、気分を明るくしてくれることもあるが、過度の飲酒は自滅への近道でもある。Ｂがふたたび酒を断ってくれることを望んでいるが、残念ながら確信が持てない。金を振り込んだ後、Ｂからまったく便りがないのが、気にかかる。

だんな、
そろそろ
看板なんですが……

ドイツ人ドライバーの攻撃性

日本人に比べると、多くのドイツ人の運転マナーは、かなり悪い。攻撃的（アグレッシブ）な性格の人が多いことは、ドイツ社会の特徴の一つだが、そのことは運転の仕方に現われている。ある悲惨な例をあげよう。

ドイツ南西部の小都市カールスルーエ。この町で二〇〇四年二月十八日に、この国の交通史上で、最も市民の注目を集めた事故をめぐり、裁判官が判決を言い渡した。この事故は、二〇〇三年七月に高速道路の追い越し車線で、二十一歳の母親が運転していた小型乗用車に、スポーツカーが時速二百五十キロの猛スピードで、後ろから近づいた時に発生した。女性は追突されると思って急ハンドルを切ったため、車をコントロールできなくなり、道路脇《わき》の樹木に激突。母親と二歳の娘は即死したが、スポーツカーは走り去った。

検察庁は目撃者の証言から、ダイムラー・クライスラー社に勤めていた、三十四歳のテストドライバー、Rが問題のスポーツカーを運転していたと断定し、過失致死などの罪でRを起訴した。彼は、「事故が起きた時刻には、現場付近を走っていなかった」として、起訴事実を否認し続けたが、裁判官は「Rは、同僚が車に乗るのをこわがるほど、日頃から乱暴な運転で知られていた。捜査が身辺に迫ってくると、そわそわし、アリバイについて同僚と口裏を合わせるなど、不審な挙動が目立った」として、禁固一年半の実刑判決を言い渡した。自供も物証もない、状況証拠だけに基づく実刑は、かなり厳しい内容であり、Rは控訴した。

ドイツでは交通事故について、全国紙の第一面で報じられることは、めったにない。だが、この裁判は、水準の高さを売り物にするクオリティー・ペーパーまで、最初のページで報じるほど注目された。その理由は、多くのドイツ人が高速道路で、暴走ドライバーに背後に迫られて、いやな思いをしており、この事故を他人事と思えなかったことだろう。ドイツではこうした行為は、法律違反だが、運転中に相手のナンバーをメモするわけにもいかないので、ほとんどの暴走ドライバーは告発されることなく、地平線の彼方《かなた》へ走り去っていく。

Rのスポーツカーは、五百馬力という驚異的なパワーを持っていた。彼は同僚に「時速三百キロで走ったこともある」と自慢し、「追い越し車線をのろのろ走る奴《やつ》は耐えられない」と、常に罵《ののし》っていた。彼は同僚から「ターボ・R」というあだ名をつけられていた。また、ドイツでは左側のウインカーを常にチカチカさせながら、追い越し車線を突っ走るのが、暴走ドライバーの特徴だが、同僚は彼を「左側ウインカー同好会の会員」とも呼んでいた。安全な車を売ることを目的としている自動車メーカーの社員が、このように危険な運転をしていたことも、人々を唖然《あぜん》とさせた。自動車メーカーに勤める人間こそ、模範的な安全運転を心がけるべきであるのに、本末転倒である。ダイムラー・クライスラー社は判決直後、Rを即時解雇した。

Rほど過激ではなくても、性悪なドライバーはたくさんいる。ドイツ人の女性Bさんは、地下駐車場から出る時に、後ろから来た車にクラクションを鳴らされたため、そのドライバーに対して、こぶしを握って中指を立てるしぐさをした。これは、英語で言えば「ファック・ユー」を意味し、最大の侮辱の印である。しばらくして、Bさんは警察から出頭命令を受けた。後ろの車のドライバーがBさんの車のナンバーをメモして、警察に告訴したのである。他のドライバーに対して中指を見せる侮辱行為は、法律で禁止されており、罰金刑の対象になる。Bさんは警察官にこってり油を絞られたが、「出来心」ということで、処罰は免れた。だがBさんが、他のドライバーに中指を見せて侮辱したのは、これが初めてではなく、Bさんは常習犯である。このエピソードは、一部のドイツ市民の攻撃的な性格をはっきりと表わしている。

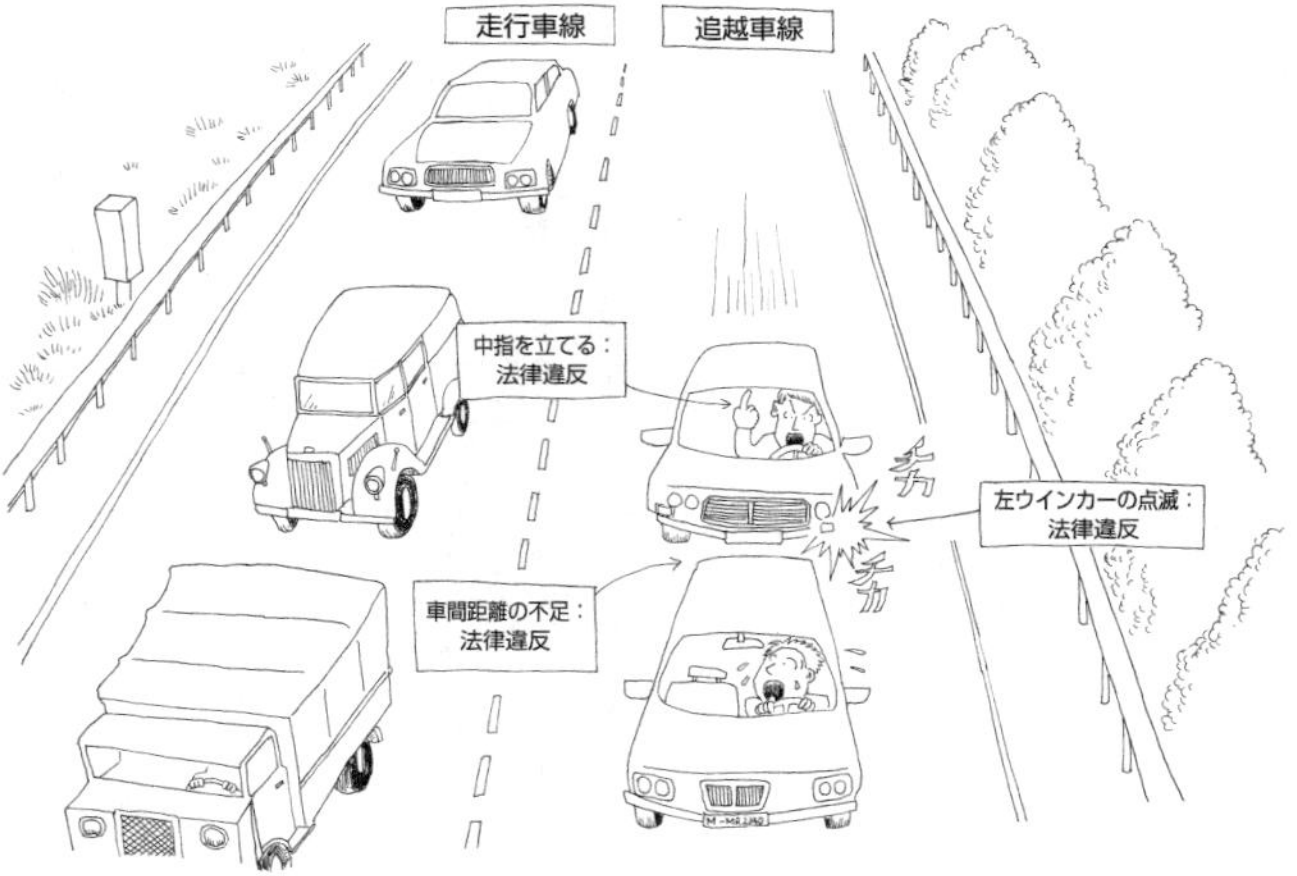

走行車線
追越車線
中指を立てる：
法律違反
チカ
左ウインカーの点滅：
法律違反
チカ
車間距離の不足：
法律違反

なぜドイツ人には攻撃的な性格を持った人が多いのだろうか。これは学校教育や家庭教育、社会環境が生み出したものとしか考えられない。ある会社の重役は、部下から「客と接する時の態度が、攻撃的すぎるのではないですか」と指摘された時、「攻撃的な態度のどこが悪いのだ」と開き直ったという。つまり自分の利益のためには、攻撃的であることはちっとも悪くないと思っている人もいるのである。集団的な色彩が強い日本に比べると、ドイツは個人社会であり、人々がみな他人をひじで押しのけて前へ進む「Ellenbogengesellschaft（ひじてつ社会）」という言葉もあるほどだ。

読者のみなさんも、ドイツで車を運転する時には、左のウインカーをつけっ放しにしながら追い越し車線を突っ走る、攻撃的なドライバーにくれぐれもご注意下さい。

戦争がきらいなドイツ人

二〇〇二年の連邦議会選挙でシュレーダー首相は、野党の対立候補に追い上げられていたが、イラクへの米国の軍事攻撃に断固反対する姿勢を打ち出すことによって、支持率を高め、政権の座を守ることに成功した。

ドイツは、日本と同じく第二次世界大戦で敗北した後、米国に忠実な同盟国だった。さらに、シュレーダーは、同時多発テロの直後、米国に「無制限の連帯」を約束し、米国がアフガニスタンのタリバン政権を攻撃した際には、戦闘部隊まで派遣していた。それだけに、シュレーダーがイラク戦争について反旗をひるがえしたことは、米国を驚かせた。ドイツが安全保障をめぐって、米国に正面から楯《たて》突いたのは、初めてのことである。

日本にとって、朝鮮半島有事の際に頼ることができる相手は、米国以外にない。このためイラクに自衛隊を送ったり、五十億ドルもの復興支援を約束したりして、米国を全面的に後押ししたが、シュレーダー政権は「イラク人が完全に主権を回復するか、国連が復興の主役となるまでは、本格的な復興支援を拒否する」という姿勢を崩さなかった。

私はシュレーダーの反戦路線が、市民の共感を得た最大の理由は、この国に平和主義が定着していることだと思う。二〇〇六年の時点では、ドイツには徴兵制があるが、多くの若者が兵役を嫌っている。高等教育を受ける若者は、兵役を済ませてから大学へ行く場合が多いが、「兵舎では毎日酒盛りばかり。意地悪な上官にしごかれる毎日で、勉強したことを忘れてしまい、時間のむだだ」と批判的な声をよく聞いた。信仰上の理由などで兵役を拒否し、代わりにお年寄りの介護など奉仕活動をする若者も少なくなかった。東西対立が終わって、国境の彼方から敵がドイツに攻め込んでくる恐れはなくなったので、徴兵制は近く廃止される可能性が強まっている。

ドイツ人が戦争をきらいになった背景には、一九六八年以降の学校で、ナチス・ドイツが行った犯罪について、詳しく教えるようになったことがある。私はそうした授業風景を見学したことがあるが、教師がアウシュビッツで殺されたユダヤ人の写真を生徒たちに見せ、なぜそうした悲劇が起きたのかについて、生徒たちに議論させていた。テレビや新聞、雑誌も、ナチスの問題を繰り返し取り上げるし、政府関係者もポーランドやイスラエルを訪れるたびに、謝罪と哀悼の意を表わしている。彼らはドイツ人が加害者だったことを、国をあげて自分たちに言い聞かせ続けているのだ。日本人には「そこまでしなくても」と思う人がいるかもしれないが、九ヶ国と国境を接し、EUでの貿易に大きく依存しているドイツにとっては、以前被害を与えた周辺の国々を安心させるために、必要な外交手段でもあるのだ。

ナチスの象徴であるハーケンクロイツやどくろのマークを掲げることは法律違反であり、ナチス式の敬礼を公《おおやけ》の場で行ったら警察に捕まる恐れがある。ナチスの政策に共感を示したり、反ユダヤ主義的な発言をしたりした議員や官僚は、ただちに糾弾され、要職から外される。こうした教育と啓蒙《けいもう》活動の結果、ほとんどのドイツ人は、国粋主義と、戦争をきらうようになった。

一九九九年のコソボ危機で、ドイツはセルビア軍によるアルバニア系住民に対する迫害を食い止めるという名目で、初めてNATOの軍事攻撃に参加した。この時にも議会では軍事力の行使をめぐり、激しい論争が繰り広げられたが、「人権蹂躙《じゆうりん》を阻止するにはやむを得ない」として、議員の半数以上が参戦に同意した。特に平和主義を重視する緑の党の議員にとっては、苦悩の末の決断だった。史上まれな殺人工場を作って大量虐殺《ぎやくさつ》を行ったドイツ人たちの子孫は、前の世代がおかした犯罪に嫌気がさして、一転して頑固な平和主義者になったのである。

あるドイツの外交官は、「ヨーロッパは、二千年の歴史の中で初めて、戦争の危険がゼロである時代になったのです。したがって、紛争は軍事力でなく平和的手段で解決するべきだというのが我々の基本姿勢です。過去にドイツが引き起こした惨禍《さんか》を反省して、今こそ我々は良きヨーロッパ人になりたいと思っています」と語っていた。

私は二〇〇三年にワシントンでイラク戦争について取材したが、その時国務省のある高官は、「第二次世界大戦後、ドイツに平和主義が定着していることは理解できる。しかし、ヒトラーを排除するには軍事攻撃が必要だったように、武力を使うことが避けられない局面があることを、ドイツ人には理解してほしい」と語っていた。

だがほぼ半世紀の時間をかけて、ドイツ市民の頭にしみこんだ平和主義は、いくら米国がじだんだ踏んでも、そう簡単に消え去らないような気がする。

MAKE
LOVE
NOT
WAR

サッカーへの情熱

二〇〇二年に日本と韓国で開催されたサッカーのワールド・カップで、ドイツが韓国を下して決勝戦に進出することが決まった日、私はたまたまミュンヘンの学生街、シュヴァービング地区にいた。目抜き通りレオポルド・シュトラーセは車が締め出されて、一大祝賀パーティーの会場になっていた。真っ昼間から酒がふるまわれて、人々はほろ酔い気分。身動きがとれないほどの混雑ぶりである。シャンペンを瓶からラッパ飲みする学生、ドイツの国旗を振り回す若者、音楽に合わせて踊りだすカップル……。まるでドイツが早くもワールド・カップで優勝したかのような、興奮ぶりだった。

最終的にドイツは決勝戦でブラジルに敗れて、二位に甘んじたものの、オリバー・カーンやミヒャエル・バラクの健闘で、チームが上位に進むたびに、ドイツ人たちの興奮は高まっていった。

ふだんは政治・経済の記事が中心の、お堅い「フランクフルター・アルゲマイネ」

紙が、一面トップでドイツチームの健闘を報じ、シュレーダー首相がわざわざ日本まで応援に行ったのも、ドイツ人たちがいかに熱狂したかを物語っている。日本や韓国とドイツの間には、夏には七時間の時差があるので、試合の時間はしばしばドイツでは昼間になったが、企業の中には特別サービスとして、試合の生中継を勤務時間中にテレビで観《み》るのを許した所もあった。

ことほど左様に、ドイツ人はサッカーが好きである。アパートで隣の部屋に住んでいるバイエルン人のおじさんも、日曜日に地元チーム、FCバイエルン・ミュンヘンの試合があると、テレビにかじりついている。シュートのたびに「やったー！」と大声で叫ぶのが、分厚い壁を通して、原稿を書いている私の耳に伝わってくる。このチームがミュンヘンで試合をする時には、オリンピックスタジアムに通じる地下鉄は、チームのユニフォームや帽子、旗で身を固めたサッカーファンたちで満員になる。特にFCバイエルン・ミュンヘンが勝った日には、地下鉄駅などにほろ酔い加減のファンたちの咆哮《ほうこう》や歌声が、夜遅くまで響き渡る。

会社でも男性社員の話題のナンバーワンは、サッカーである。特に酒の席では、バイエルン・ミュンヘンの戦いぶりや、個々の選手のゴシップが、話題の中心となる。そうした席では、われわれ部外者は、地元チームのことを悪く言わないほうが無難である。

日本のJリーグにあたるドイツのブンデスリーガと二部リーグに属する三十六のチームは、ブレーメン、ケルン、ボッフム、カイザースラウテルン、ロストクなど全《すべ》て町の名前が付いているので、日本の高校野球のように、郷土と郷土の対抗戦という雰囲気が強い。ドイツ人は一生の間に、日本人ほど頻繁には引越しをしない。ミュンヘンで生まれて、死ぬまでミュンヘンで働く人は少なくない。このため出身地、そして地元のサッカー・チームに対する愛着も強くなるわけである。

一九六三年に生まれたブンデスリーガは、すでに四十年以上の歴史を持っているが、その人気は毎年高まる一方で、二〇〇三年には九百七十七万人がスタジアムで観戦した。これは観客数が、一九九〇年に比べて五十五％も増加したことを意味し、一回の試合を平均三万二千人が観たことになる。ちなみに過去四十年間で最も多くの観客を動員したのが、FCバイエルン・ミュンヘンで、ブンデスリーガの発足以来、のべ五千万人がこのチームの試合を観戦した。伝統を重視するバイエルン人は、ドイツでも特に郷土への愛着が強いことを考えれば、不思議ではない。

ブンデスリーガは金の卵でもある。サッカースタジアムの入場券だけで、一年間に一億四千五百六十万ユーロ（約百八十九億円）の収入があるが、この他にもテレビの

バラク、そこだ！
バラク、行け！
行くんだ!!
今度こそ、決めろ！

放映権料として二億九千万ユーロ（約三百七十七億円）が、各チームを運営しているサッカー協会にころがりこむ。

それにしても日本のサッカー人気はすごく、ブンデスリーガについて詳しい知識を持っている人もたくさんいるのには、驚かされる。「日本にはオリバー・カーンについてのファンのウェブサイトがあるほか、カーンが電車の車内吊《づ》り広告にも出ている」と言うと、バイエルン人たちは自尊心をくすぐられるようで、嬉《うれ》しそうな顔をする。

変わり行くドイツ社会

さらば教会？

読者の皆さんの中には、ドイツに旅行された時に、朝夕に響く教会の鐘の音を聞いて、「ああ、ヨーロッパにやって来たな」という深い感慨にとらわれた方もいらっしゃるのではないだろうか。だが、十六年前からここに住んでいる私にとって、この音は、現在ドイツの教会が陥っている危機を告げる警鐘のように聞こえる。その理由をお伝えしよう。

私の知人Cくんは、数年前に教会を脱退した。そのわけを聞いてみると、信仰上の問題ではなく、経済的な理由である。「ぼくは教会税を支払う気はないからね。教会に属していなくても、特に不自由はないよ」。

この国には、カトリックもしくはプロテスタントの信者が約五千二百万人いるが、二〇〇〇年に教会を脱退した人は、二つの宗派を合わせて約三十二万人にのぼる。これは、一年で信者が〇・六％減ったことを意味する。実際、キリスト教の信者が、ドイツの国民全体に占める比率は、過去二十年間で九十四％から六十四％に激減してしまった。

Cくんのように、税金の支払いを減らすという単純な理由で、教会を脱退する人も多い。ドイツは、教会税を持つ、世界でも数少ない国の一つだ。住民登録の際に、「キリスト教信者ですか?」という質問にJaと答えてしまうと、情報が税務署に回され、毎月の所得税の八%から九%にあたる金額が、教会税として給料から差し引かれるのだ。国家と宗教を分離しようとする国が多い中で、税務署が教会のための資金を集めるというのは、古めかしい制度である。

しかも教会税の負担は、ばかにならない。二〇〇〇年の教会税収入は、二宗派あわせて八十九億ユーロ(約一兆千五百七十億円)にのぼる。プロテスタント教会の試算によると、税引き前の月給が約三千六百ユーロ(約四十七万円)である独身のサラリーマンは、毎月約八十ユーロ(約一万四百円)の教会税を納めなくてはならない。この人が教会を脱退すれば、一年で約十二万五千円、三十年間で約三百七十万円を節約できるわけだ。

さらにこの国では、教会税以外にも所得税、旧東ドイツ再建のための連帯税や社会保険料をどっさり取られる。福祉大国として知られるドイツでは、サラリーマンや労働者は全員、年金、健康、失業、介護保険に入らなくてはならず、収入の四割近くを国や自治体などに天引きされてしまう。つまりドイツでは日本よりも手取り所得が低く、重税感が高いので、教会を脱退して、税金の負担を軽くしようとする人が多いのだ。

このため教会脱退は、景気と密接に関係がある。戦後最悪の不況がドイツを襲った一九九五年には、約四十七万人が信仰を捨てている。ラインラント地方のプロテスタント教会では、二〇〇一年の教会税収が、少子化や脱退者の増加によって、目標額を二千七百万ユーロ（約三十五億円）も下回った。このため、コストを減らすために、教会支部を統合したり閉鎖したりしている。

さらに、信者ではあるものの、信仰心が篤《あつ》い人の割合も低くなっている。ある統計によると、定期的に教会のミサに参列する人は、一九九九年の時点でカトリック信者の約十七％、プロテスタント信者の約四％にすぎない。また、ドイツで一九九九年に結婚したカップルの内、三分の二は教会で式を挙げていない。ドイツでは二人の結婚立会人とともに戸籍局に行って書類にサインすれば、法律上結婚したことになる。なにも教会で結婚式を挙げる必要はないのだ。ドイツ人の間には、名よりも実を取る人が多い。

またドイツ人の間には、カトリックの教えそのものに批判的な人も少なくない。た

Kirchen-
Steuer
(教会税)
①

信仰
信仰
②

とえば、アフリカの一部のように、子どもが生まれても、飢餓や病気で死んでしまうことが明らかな地域や、エイズが猛威をふるっている地域ですら、カトリック教会が「自然に反する」という理由で、避妊具や避妊薬の使用に原則的に反対していることについて、批判的な声が強い。こうしたことも、若者の教会離れにつながっている。

とはいえ、キリスト教会が、幼稚園や養老院の運営や、ホームレスの市民に対する支援、第三世界への援助活動など、有意義な活動を数多く行っていることを忘れてはならない。教会がなかったら、社会保障制度の現場は、はるかに貧しい物になるだろう。この国で暮らしていると、ドイツ人の発想が、信者でなくてもキリスト教的な倫理観に基づいていることを強く感じる。だが多くの人々は日々の暮らしに追われて、そのことを忘れている。精神的な価値よりも、物質的な価値を重視する人が多いからだ。税金を払っても教会に属する意味があるということを、人々に納得させることができない限り、教会の信者はどんどん少なくなっていくだろう。

暮らしの中のユーロ

二〇〇二年一月。ドイツの新年を告げる、けたたましい花火と爆竹の音とともに、EU（欧州連合）の統一通貨ユーロが、現金として流通し始めた。銀行や郵便局の前には、マルクの現金をユーロに替えようという人々で、長蛇の列ができた。だが、ドイツ人たちはユーロへの好奇心や熱狂から、交換を急いだわけではない。二〇〇二年三月以降になるとマルクの現金が使えなくなり、一般の銀行ではユーロに交換できなくなるという、現実的な理由から銀行や郵便局に殺到したにすぎない。

あの頃ドイツ人と話すと、「やはり自分はマルクに愛着がある。どうもユーロには馴染《なじ》めない」という声をよく聞いた。ドイツには全国規模の国民投票がないため、ユーロ導入に関する民意が問われることはなかったが、導入前にはドイツ人のユーロへの不信感はかなり強かったので、もしも国民投票が行われていたら、ユーロは否決されていた可能性が高い。

それから四年経《た》って、ユーロは日常生活の中にすっかり定着した。だが、市民の間では「ユーロ導入を利用した便乗値上げで、物価が高くなった」という不満の声が強い。一ユーロは約二マルクなので、五マルクだった商品は二・五ユーロになるはずなのだが、それがこっそり二・八ユーロとか三ユーロで売られているのだ。当初は「便乗値上げは起きていない」と説明していた欧州中央銀行や連邦銀行も、導入から一年後に調査した結果、映画館の切符やホテルの宿泊代が約五％、菓子やビール、散髪代などが四％高くなっていたとして、ユーロ導入に伴う便乗値上げが起きていたことを認めざるを得なかった。二〇〇四年五月にＥＵに加盟したチェコやポーランドの市民たちの間にも「ユーロが導入されたら、物価が高くなるのではないか」と懸念《けねん》する声がある。

それに対し給料は、きっかりマルクの半額で表示されるので、少なくなったような錯覚がなかなか消えない。私はドイツへ来てから十二年間マルクを使ったので、古い金銭感覚が頭の中にこびりついており、いまだにユーロの値段を心の奥底で二倍にしてマルクに換算していることがある。

こうした問題はあるものの、ユーロが導入されて本当に良かったと思うのは、イタリアやオーストリア、フランスなど、他の国へ旅行する時である。これまでドイツから車でイタリアへ行く時には、マルクをオーストリアとイタリアの通貨に交換しなくてはならず、わずらわしかった。だがユーロ導入で両替の必要がなくなった上に、値段も比較しやすくなった。少なくともお金の面では、「ヨーロッパは一つになりつつあるのだなあ」という実感が湧《わ》く。

三億人の人口を抱える十二の国々が、通貨政策を国際機関に任せて、一つの通貨を使うのは、歴史の上でも例がない。EUは、経済だけでなく、政治面での統合を強化し、長期的には一種の「連邦」を形成することをめざしている。いずれは、欧州議会を二院制にして立法権を強化し、一つの憲法と政府を持った事実上の「ヨーロッパ国」を建設する方向で、各国間の協議が進められている。

ただし、各国のエリートがヨーロッパの政治統合に強い関心を持っていても、市民の間では、自分がヨーロッパ人であるという意識は低い。ヨーロッパに留学・旅行された方なら気づかれたと思うが、庶民の間では、地域的な伝統に対する執着が日本よりも強い。比較的狭い地域に、さまざまな言語、習慣、伝統、文化がひしめきあっているヨーロッパで、「欧州人としてのアイデンティティー」を確立することは、容易ではない。そうした中で、紙幣や硬貨という市民一人一人にとって身近な物が、ヨーロッパの津々浦々で同じになるということは、「自分はドイツ人だがヨーロッパ人でもある」という意識を芽生えさせる可能性がある。

二〇〇二年以降にヨーロッパで生まれた子どもたちは、かつてドイツとギリシャが別々の通貨を使っていたことなど信じられないだろう。ほんの五十年前までは、犬猿の仲だったフランスとドイツが、同じ通貨を使っている。アジアでは、想像もできない壮大な実験である。

統一通貨の誕生は、ヨーロッパが「連邦」として団結することによって、安定性と発言力を回復する長い道程の中で、重要な一歩なのである。こう考えながら、まだ世間の手垢《てあか》にまみれていない、真新しいお札やコインを眺めていたら、ユーロが単なるお金ではなく、ヨーロッパで進む静かな革命の象徴のように思えてきた。我々はヨーロッパが大きく変化する、面白い時代に生きているのである。

この間までは
15マルクだったから、
7・5ユーロのはず
じゃないか！
KINO
14:00 Der Herr der Ringe
18:00 Der letzte Samurai
21:00 Kill Bill
Eintritt : EURO 8
（入場料）
COLA
POPCORN
EIS
KAFFEE

ゆとり教育の終わり

ミュンヘンで私が住んでいるアパートの下の階には、三人の大学生が同居している。家賃の高いこの街では、学生が家賃を出し合い、一つの住宅を借りるのは日常茶飯事である。週末だけでなく、平日でも友人を招いてパーティーを開いているのだろう、話し声やロック音楽が午前二時ごろまで響き渡ることは珍しくない。

ドイツの学生数は、百七十九万人。大学進学率は約三十%で、日本の四十九%よりも低い。しかも、大学を卒業するのは入るよりも難しいと見えて、大学や専門高等学校を修了したか、それ以上の学歴を持っているドイツ人は、十五歳以上の市民の約十%という調査結果もある。

日本に比べると、ドイツの学校ではかなり年齢が低い時点で、およその進路が方向づけられてしまう。万人が等しく日本の小学校にあたる基礎学校（Grundschule）へ行くのは、第四学年、つまり年齢が九歳の時まで。十歳という早い時点で、道は分かれていく。子どもたちは、ギムナジウム（Gymnasium）、基幹学校（Hauptschule）、実科学校（Realschule）などから、進む学校を選ばなくてはならない。子どもに大学で高等教育を受けさせたいと思う親は、ギムナジウムへ行かせる。こんなに小さい内から、進路を決めてしまっていいものかという気もするが、ドイツでは社会階層が日本に比べてはっきり分かれており、そのことが教育制度にも反映しているのだろう。

ドイツのほとんどの大学は州立なので、学費はかからない。このため早く勉強を終えて就職しようというプレッシャーはあまり大きくないので、大学に長居を決め込む者も少なくない。二〇〇一年に教育審議会が発表した報告書によると、ある科目を修了するために定められた標準修了期間以内に、科目を修了する学生は全体の三十％に満たない。たとえば建築学の標準修了期間は九学期だが、実際に修了にかかる期間の平均は、十二・六学期。一学期は半年だから、実に六・三年もかかることになる。

このため、日本のように二十二歳前後で大学を卒業して、就職する学生はあまりいない。さらに徴兵制があるドイツでは、兵役を終えてから大学に行く若者が多いので、大学を出て働き始めるのが二十代の後半、もしくは三十代の前半という人は、珍しくない。私の周辺にも「永遠の学生」たちが何人かいる。ドイツ人のRさんは、中国語が流暢《りゅうちょう》で、中国文学についての研究で、四十歳になってから博士号を取った。ところが、肩書に合った就職先がなかなか見つからない。中国とのビジネスを拡大しようとしているドイツ企業にとっては、中国語が話せて、何度も中国に行ったことのある人は、喉《のど》から手が出るほど欲しいところだが、高い学歴を持つRさんは、民間企業で中国とビジネスをすることにためらいを感じてしまうようだ。

ドイツ各州の文部省は、学生たちの在学期間を短くし、彼らがこれまでよりも早く社会で働き始めるように、制度を改革するための努力を始めている。たとえば、二〇〇〇年からは、一つの科目を修了しても大学に残っている学生からは、授業料を徴収できるようになった。

ドイツの高等教育が抱えるもう一つの大きな問題点は、米国と異なり、経済界の要請にマッチした人材の養成ができないことだ。たとえば、電子商取引などに必要なコンピューター・プログラムを制作できる、IT（情報技術）専門家への需要が高まっているが、ドイツの大学や高等専門学校がIT教育を長年軽視してきたため、ドイツだけでも四十万人のITエンジニアが不足している。ドイツ政府は、インドなどからIT技術者を招くために、労働許可などに関する手続きを簡素化するグリーン・カード制度を、二〇〇〇年から採用している。だが国内に四百万人の失業者がいるのに、外国からエンジニアを呼び寄せなくてはならないということは、大きな矛盾であり、この国の大学制度がいかに時代に乗り遅れているかを示している。

Bier
Bier

UNI
WIRTSCHAFT

ドイツの学校では、休暇中に子どもたちがのびのびと遊んだり、家族と時間を過ごしたりすることができるように、夏休みに宿題を出すことが、原則として禁止されている。宿題の山と格闘した、自分の小学校時代の夏休みを考えると、大変な違いである。また学校の授業は、原則として半日で終わりである。ところがOECD（経済協力開発機構）が、二〇〇〇年に各国の生徒の学力を比較したPISA調査によると、ドイツの生徒の学力は、先進主要国の中で低い部類に属することがわかった（数学の基礎学力はなんと第二十位である）。このため、ドイツの政治家の間では一日の学習時間を増やすなど、教育改革の必要性が叫ばれている。

ドイツの小学校から大学に一貫していた「ゆとり教育」の思想も、経済グローバル化の時代には、だんだん減っていきそうな雰囲気である。

ドイツ語はマイナーな言語か？

日本と同じように、ヨーロッパでも、最も人気がある外国語は英語である。あるアンケートによると、「母国語以外のどの言語で会話ができますか？」という問いに対しては、ＥＵ（欧州連合）のほぼすべての国で、英語をあげる市民の割合がもっとも高かった。ＥＵの十五歳以上の市民を対象としたアンケートによると、「英語で会話ができる」と答えた人は回答者の二十五％で、ドイツ語の八％を大きく引き離している。つまり、西欧では英語を第一外国語とする人が、圧倒的に多いのだ。

さらに英語人口は、これから大幅に増えると予想されている。いわゆる経済のグローバル化のために、英語の重要性が、急速に高まっているからだ。ヨーロッパのビジネスの世界では、英語が話せない人には、まず仕事は見つからない。

公立のドイツ語教育機関であるゲーテ・インスティトゥートの調査によると、米国嫌いで知られるフランスでさえ、英語を学ぶ人の数は、一九九〇年からの六年間で、二十八％増えて、六百七十万人に達している。チェコでは一九九八年の時点でドイツ語を学ぶ人が七十万人で、英語(六十五万人)を上回っているが、差は急速に縮まりつつある。ポーランドでは、すでに英語学習者がドイツ語学習者よりも三十四%多くなっているし、ロシアの英語学習者の数は、ドイツ語を学ぶ人の二倍を超える。これらの国々で、英語を学ぶ人が増えていることの最大の理由は、国や文化に対する関心よりも、就職する上で役に立つことだと思われる。

しかし、ドイツ語も捨てたものではない。バイエルン放送局の調査によると、EUでドイツ語を母国語もしくは公用語として使っている市民の数は、八千七百万人にのぼる。これは東方拡大前のEUの人口の二十三%にあたり、英語を母国語とする人口の六千百万人を上回る。また東欧やスイス、ロシアまで含めたヨーロッパ全体で見ると、ドイツ語を母国語か公用語として使っている人の数は九千三百万人にふくれあがる。

またドイツと地理的・歴史的に関係が深い中欧・東欧地域では、ドイツ語は今も活躍している。一九九七年にオーストリアの世論調査機関が、東欧・中欧諸国で行った、母国語以外の言語についての調査によると、「ドイツ語で会話ができる」と答えた人は、チェコでは回答者の三十三%で英語の二十一%を上回っていた。ハンガリーでもドイツ語が話せる人は二十一%(英語は十四%)だった他、スロバキア、ポーランド、ルーマニアでも、外国語の中ではドイツ語が最も得意と答えた人の割合が、英語を上回っていた。私がこれらの国々を旅行した時にも、ホテルの従業員やタクシーの運転手の中には、英語よりもドイツ語が流暢な人が多いことに気づいた。

また十六年前からドイツで働いている私の経験から言うと、ヨーロッパを理解するには、英語だけでは不十分である。ヨーロッパの特徴は、この比較的狭い地域に、異なる言語、伝統、慣習を持つ民族がひしめき合っているということだからである。私はドイツ語と英語、それに少しだけフランス語を話すが、これでも十分ではない。イタリア語やスペイン語、それに東欧・中欧の国の言葉も一つくらいできないと、ヨーロッパのあちこちを飛び回る仕事では、不便を感じることがある。

ヨーロッパで旅をすると、ドイツ語が役立つことも少なくない。ギリシャのコルフ島で車を運転していた時に、道に迷った。山奥の村で人々に英語で道を聞こうとしたが、全く通じない。ところが一人のお年寄りがドイツ語を話すことがわかり、私たちは目的地までの道を教えてもらうことができた。またクロアチアのある島の民宿では、ご主人が社会主義時代の東ドイツに留学したことがあったため、ドイツ語を流暢に話すことができ、ドイツでの体験や、旧ユーゴスラビアの内戦について、話を聞くことができた。

ＥＵに必死で加盟しようとしているトルコでは、ドイツ語が外国語のナンバーワンである。ドイツに出稼ぎに来ていたトルコ人が多い上に、ドイツから多数の観光客やビジネスマンがトルコを訪れるからである。いつの日かトルコがＥＵ加盟の悲願を達成したら、ＥＵでのドイツ語人口の割合は、急激に増えるに違いない。

外国語の習得は大変だが、世界が広がることは間違いないし、自分の国についても客観的に見ることができるようになる。株やブランド商品に投資するのもよいが、語学の勉強に投資することは、自分の内面を豊かにすることにつながると確信している。

ENGLISH
DEUTSCH
(独語)

ドイツはアメリカになるか?(多民族社会ドイツ)

ミュンヘンのスーパーマーケットで買い物をすると、レジの所に座っていたり、ショーケースの後ろでソーセージやチーズを売ったりしている店員に、外国人が多いことに気づく。金髪の白人でも、値段を言う時に口を開けば、ドイツ語になまりがあるので、外国人だとわかる。お店だけがドイツ人の物で、外国人の店員が私たち外国人の客に商品を売っているという光景は、なんとなくオモシロイが、ここでは日常茶飯事だ。それもそのはず、ミュンヘンではすでに市民の五人に一人が外国人なのである。ドイツ全体で見ると、二〇〇三年の時点で七百三十万人の外国人が住んでいる。これは人口の約九%にあたる。

私の住んでいるアパートの隣人も、米国人やイタリア人。年賀状を印刷してもらう印刷屋さんや、洋服の丈を直してもらう洋裁店のご主人は、ギリシャ人。会社でも、米国人やスペイン人、クロアチア人、スエーデン人など、いろいろな国の人がドイツ語を共通語として働いている。

ドイツの外国人受け入れ政策は、日本に比べると寛容である。EU（欧州連合）の域外からやってきた外国人でも、五年間企業で働くなどして、税金や社会保険料を納めれば、無期限の滞在許可をもらうことができる。八年間働けば、滞在許可ではなくて、ドイツに滞在する権利を獲得できる。滞在権は、帰化の一歩手前の段階であり、これがあれば労働許可なしに働くことができるし、わずらわしい滞在許可の延長申請の手続きをする必要もない。

私はすでに滞在権を持っているが、本音を言えば、ドイツの市民権も欲しい。高い税金や社会保険料を払っているのに、EU域外から来た外国人には、市町村選挙の選挙権さえ与えられていないからだ。またEUでは、統合が進んでいるため、ドイツの市民権は、将来EU市民権になる可能性もある。ヨーロッパ人としてのパスポートが手に入るというのは、すばらしいではないか。しかし、ドイツ政府・日本政府ともに二重国籍を認めておらず、ドイツのパスポートをもらうためには、日本国籍を捨てなくてはならないため、ドイツの市民権を取る気はない。ドイツに十年以上暮らしても、さすがに、祖国の国籍を捨てる気にはならない。

さてこの柔軟な移民政策の背景には、出生率が低いために、外国人を受け入れざるを得ないという事情がある。ドイツの人口は二〇〇三年の時点で八千二百五十四万人。

連邦統計局の推計によると、毎年移民を十万人ずつ受け入れても、この国の二〇五〇年の人口は、六千五百万人に減ってしまう。つまりドイツ人の出生率が爆発的に上昇することが期待できない以上、年金など社会保障制度を維持し、労働人口が減るのを防ぐためには、外国人を受け入れなくてはならないのだ。

ただし、ドイツ社会は外国人にとって天国ではなく、一部のドイツ市民は外国人に反感を抱いている。ミュンヘンでは旧東ドイツのような、ネオナチによる外国人襲撃はめったに起こらないが、駅で「Ausländer raus（外国人は出て行け）！」とわめいている若者を見かけることはある。またある日本人の女性は、郵便局で順番を待っていたところ、年配のドイツ人が割り込んできたので注意したところ、「なんだと。おまえは二級市民じゃないか」と言われたという。ある日本人記者は、旧東ドイツの田舎町で食事をしていたところ、ドイツ人から「このレストランはドイツ人専用だぞ」と言われた。頭の中がナチス時代から進歩していないドイツ人は、実際にいるのだ。

このように一部の市民が外国人に反感を抱く背景には、外国人の失業率が二十％前後とドイツ人の二倍であり、生活保護を受けている者が少なくないことや、夜中に騒音を立てるなど、この国の規則を守らない外国人がいることがある。

また九〇年代の前半には、経済水準の高いドイツに住むために、東欧などから亡命

Ja, eine
Lage Parma
Schinken, bitte.
(はい、パルマの
生ハムを
下さい)
Möchten Sie
noch etwas?
(他には欲しい物
がありますか？)
Angebot
Angebot
Französische
Salami
100 g
€ 1,50
€ 2,00
KAUFHOF
KÄSE

者を装《よそお》って、入国してくる外国人が急増したため、一部のドイツ人の間で「自分たちの職が外国人に奪われるのではないか」とか「なぜ働きもしない外国人を、税金で養ってやらなければいけないんだ」という不安や不満が高まり、彼らを外国人排斥運動に走らせた。だが外国人差別をしたり、反感を持ったりするドイツ人は、現在のところ少数派である。政府も経済界も、外国人差別に強く反対し、「ドイツは外国人を必要とする」という姿勢を示している。

肌の色や出身国が違っても、この国の法律や規則を守り、社会保障の世話にならずに、生活の糧《かて》を得る外国人が増えれば、市民の反感も弱まるだろう。ドイツが米国のような人種のサラダボウルになることはないだろうが、今後も外国人の比率が増えて、多民族・多文化国家に近づいていくことだけは間違いないと思う。

変わり行くベルリン

ベルリンは、ミュンヘンとともに、ドイツで一番好きな町の一つだ。もっとも二つの町は、全く異なる性格を持っている。ミュンヘンが小ぢんまりとして、快適な中規模都市であるのに対し、ベルリンは政治と文化の中心地であり、ドイツで唯一《ゆいいつ》の大都市である。ミュンヘンには保険会社、銀行、IT企業、自動車メーカーの本社があり、裕福な市民が比較的多いのに対し、ベルリンには、カネだけが全《すべ》てではないという考え方の人が多く、政治や社会問題に対する市民の関心も高い。そして、ヨーロッパで最も激しく変化しつつある町でもある。

一九八〇年に初めてベルリンに行き、チェックポイント・チャーリーの検問所を抜けて東側に足を踏み入れた時の衝撃は、忘れられない。一つの都市が、壁によって分断されているのを見て、東西冷戦の、最前線であることを痛感した。夜になると、深い闇《やみ》に包まれた東ベルリンの中心部には人っ子ひとり歩いていなかったが、検問所を超えて西側に戻ると、そこはネオンサインと享楽《きょうらく》に満ちた不夜城だった。壁のこちら側と向こう側に天と地ほどの差があることに驚かされた。

記者になってからもベルリンには何度も行ったが、一九八九年に壁が開かれた直後の、町全体が興奮しているような雰囲気には、ヨーロッパの壮大な変化が始まったことを肌で感じた。かつて対戦車バリケードが並んでいたポツダム広場で、壁が引き裂かれ、東ドイツ人たちが、車や徒歩で西に流れ込んでくるのを見て、胸が熱くなった。

一九九〇年に統一ドイツに住み始めてからは、よくベルリンに行ったが、訪れるたびに町が急速に変わっているのに気がついた。まず壁がどんどん撤去されて、ブランデンブルグ門付近に行っても、どこに壁があったのかが、全くわからなくなってしまった。

九〇年代中頃のベルリンは、町全体が工事現場のようだった。旧帝国議会議事堂(Reichstag)の上には、巨大なドームがかぶせられ、ポツダム広場にはマンハッタンを思わせる高層ビルや、映画館や劇場が建設されていた。戦前のポツダム広場は、銀座四丁目のように、ベルリンで最もにぎやかな通りの一つだった。ところが戦争で徹底的に破壊された後は、壁で分断され、瓦礫《がれき》の山を雑草がおおう荒れ地となった。ドイツ統一後には、西側の資本が急速に流れ込んで、摩天楼が立ち並ぶ、近代的な地区に生まれ変わった。

東ベルリンのミッテ（Mitte）地区も、戦前の華やかな雰囲気を取り戻しつつある。高級ホテル、しゃれたバーや喫茶店、政治家がよく使うレストランが立ち並び、ベルリンの新しい中心となった。かつてベルリン随一の繁華街といえば西側のクーアフュルステンダム（Kurfürstendamm）だったが、統一後は町の中心が東側に移ったという印象が強い。

ベルリンへ行ったら、西側のツォー（Zoo）駅から、東側へ進むSバーンに乗ってみよう。電車は山手線のように高架の上を走るので、巨大な白い洗濯機のような連邦首相府など、ドイツの永田町を象徴する、新しい建物を一望の下に見渡すことができる。議事堂に近いレーアター・シュタットバーンホフ（Lehrter Stadtbahnhof）駅は、欧州最大の規模を持つ駅。飛行船ツェッペリン号の格納庫を思わせる、プラットホームをおおう巨大な鉄骨の枠組みは、首都にふさわしい風格である。

旧東ドイツ市民の生活も大きく変わった。旧国営企業の閉鎖や、人員削減によって、多くの市民がそれまで体験したことのなかった失業に苦しんでいる。このため旧東ドイツ市民と話をすると、必ずといっていいほど、統一や西側の市民に対する不満を聞かされるが、統一によって生活水準が上がったことも、否定できない。

たとえば一九三一年にベルリンで生まれたGさんは、ナチス体制、社会主義、統一ドイツと三つの時代をこの町で経験してきた。社会主義時代に建てられた高層団地に住んでいるが、一九九一年には水道の蛇口やドアのノブがプラスチック製で、窓枠も傷んでおり、いかにも東側の団地という雰囲気が漂っていた。ところが、統一後に団地は市当局によって次々に修繕され、今では西側に見劣りしない。Gさんは年金で台所や浴室をリフォームしたほか、洗濯機も買った。人間はパンのみで生きるものではないが、統一が人々にプラスの面をもたらしたことも事実である。

ベルリンへ行くたびに思い出すのは、ヴィリー・ブラント元首相が壁崩壊の直後に言った、「元々一緒だったが離れ離れになっていたものが、今一緒になって育っていく」(Jetzt wächst zusammen, was zusammengehört) という言葉だ。ベルリンの歴史では、血と涙で彩《いろど》られた時期が長かった。統一の後遺症を抱えながらも、分断を克服したベルリンが首都として成長していく姿は、この町がようやく悲しみに満ちた時代を抜け出したことを物語っているのかもしれない。

PANIK ORCHESTER
Faschistische Mauer
NAZIS RAUS
Honecker muß weg
Sonder-zug nach Pankow
Ich liebe Gorbi
TFP D56
TEAR DOWN THE WALL
Mauer muß Weg

ドイツ名前事情

われわれ日本人の名前は、ドイツ人にとって発音や聞き取りがかなり難しいようだ。電話で私の名前を言っても、ほとんどのドイツ人は、正確に書き取ることができないので、スペルを言ってあげなくてはならない。

だが、ドイツ人の名前にも、舌をかみそうになる物がある。たとえば、ドイツの女性の中には結婚した後も、結婚前の苗字《みょうじ》と夫の苗字をハイフンで結び、ダブルネームを使う人が多い。たとえば、Gunda Niemann-Stirnemannというスピード・スケートの選手の名前などはその例である。日本語で書くとグンダ・ニーマン・シュティルネマンだが、まるで早口言葉である。

相手を苗字で呼ぶか、名前（Vorname）で呼ぶか、つまりいつSie（あなた）からDu（きみ）に切り替えるべきかというテーマは、外国人にはなかなか難しい問題である。米国では初対面からファーストネームで呼ぶことが多いが、ドイツは米国よりも形式を尊重する国なので、相手の気持ちを損ねないためには、苗字を使いSieで話すのが無難だ。以前フランクフルト空港で、あまりドイツ語が上手ではない米国の航空会社の職員が、ドイツ人の女性乗客に話しかける時に、間違って Du を使ってしまったところ、この女性が「Ich bin nicht Ihre Du !!」（私はあなたの Du じゃないわよ！）とすごい剣幕で怒鳴っているのを聞いたことがある。

だが、毎日顔を合わせている会社の同僚たちの間で、いつまでも Sie を使っていると、堅苦しい感じもある。「Du で呼び合おう」と切り出すのは、同性の間ではふつう年上の人、男女間では女性である。最近では、昔に比べて社会の中で Du がどんどん幅を利《き》かせているように思える。大学では、教授と学生が Du で呼び合う場合があるし、企業でも上司と部下が Du を使っていることがある。ただし、私は自分を解雇したり、給料の額を決めたりすることができる上司と、友人でもないのに Du で呼び合うのは、公私の区別をあいまいにするようで、嫌いだ。

さて最近のドイツ人の間では、名前の好みも変化している。たとえば、古代ゲルマン人の言葉に語源を持つ、Udo, Hermann, Heinrich, Wilhelm, Helmut, Hildegard, Irmtraud などの名前は、若者の間ではあまり見られない。ヴィースバーデンのドイツ語協会の調べによると、二〇〇一年に子どもにつけられた名前で最も人気があったのは、男子では Leon, Alexander, Maximilian, Lukas, Jan、女子では Marie, Sophie,

Maria, Anna, Anne, Laura の順だった。ドイツで使われる名前を網羅した辞典によると、これらの名前のほとんどは、ラテン語、ギリシャ語、ヘブライ語に基づくもので、古代ゲルマン語に端を発する伝統的な名前は、少数派になっている。

なぜドイツの伝統的な名前に人気がないのだろうか。これは私の推測だが、若い世代がドイツの伝統的な名前を避ける理由の一つは、ゲルマン系の名前には、戦争にまつわる言葉を含んでいる物が多いことかもしれない。名前辞典を読むと、これらの名前の中には、戦闘、防衛、帝国、支配、兜《かぶと》、軍といったゲルマン語を含んでいる物が多いことがわかる。二千年前には他民族との抗争は日常茶飯事だったから、古い名前に戦争にちなんだ言葉が含まれていることが多いのだろう。たとえば前ドイツ首相の名前 Gerhard は、槍《やり》を意味する ger と、硬いを意味する hard からなっている。槍で戦ったゲルマン人の様子が目に浮かんでくるではないか。

また悪名高き独裁者の名前 Adolf もほとんど使われていない。ちなみにミュンヘンとベルリンの電話帳を見ると Hitler という苗字も全く登録されていなかった。

戦後生まれのドイツ人たちの間には、平和教育の影響で、戦争や軍隊を嫌う人が多い。そうした人の中には、戦いに関する言葉が入っている名前は、子どもにつけたくないと思う人がいるかもしれない。いずれにせよ、名前の世界でも「非ドイツ化」、

Du ?
Sie ?

HEINRICH
HERMANN

LEON
ALEXANDER
MAXIMILIAN
1
2
3

「ヨーロッパ化」が進んでいるわけであり、ドイツが経済や政治の面でEUへの統合を進め、国家主権を他国と分かち合っている現実と重なり合って、興味深い。

ミュンヘン市戸籍局によると、名前辞典に載っている名前を使わなければならないという決まりはない。しかし名前は戸籍局が許可しなくてはならず、原則として性別がわかる名前をつけなくてはならないので、この辞典の助けを借りる人が多くなる。またKai, Maxi, Chrisといった名前は男女どちらでも使えるので、戸籍局は、この名前を使いたい場合には、性別がはっきりわかるもう一つの名前をつけるよう求める。また、漫画の主人公の名前や差別的な名前も戸籍局は受け付けない。子どもにつけようとした名前を役所に拒否されたことを不服に思い、裁判を起こす人もいるそうだが、こんな所で意地を張るのもドイツ人らしい。

社会福祉国家は過去のもの？

ドイツで電車の旅をすると、お年寄りと乗り合わせることが多い。彼らのほとんどが公的年金だけで生活しているといえば、日本人は驚くにちがいない。この国では四十五年間働けば、退職時の手取り所得の六十九％を公的年金としてもらうことができた。生活費が日本に比べて安いドイツでは、ぜいたくさえしなければ、公的年金だけで食べていくことが可能だったのである。ドイツでは日本ほど企業年金が普及しておらず、従業員に独自の年金を提供する企業は、全体の半分程度にすぎない。

ドイツは、十九世紀末、ビスマルクが首相だった時に社会保障制度を導入した福祉先進国で、サラリーマンや労働者は、年金、健康、失業、介護の四種類の社会保険に加入することを義務付けられており、保険料が給料から天引きで差し引かれる。戦後めざましい経済成長を遂げた西ドイツでは、一九七〇年代に年金の水準が引き上げられ、労働者を守るための社会保障制度は手厚くなった。日本では考えられないことだが、病気やけがで会社を休んだ後も、医師が「転地療養の必要がある」と診断書を書けば、何週間も会社を休んで、山奥や海沿いの療養施設に滞在し、滞在費を健康保険に払わせることが可能なのである。また健康保険で眼鏡やサングラスを作らせることができるというのも、日本から来た私には珍しく思えた。

だが二〇〇〇年代初めにシュレーダー政権は、この社会保障制度を大幅に縮小する作業に取り組み始めた。その理由は、ドイツの出生率が低くなっているために、毎年生まれる子どもよりも死亡する市民の数が多く、人口が減っているからである。また社会保障関連の支出が毎年伸びる率は、国内総生産の伸び率を大幅に上回っている。これでは、社会保障制度が行き詰まることは目に見えている。連邦政府の支出のおよそ五分の一が、公的年金の不足分を補塡《ほてん》するために使われているというのは、健全な状態ではない。国の将来を考えれば、高等教育や先端技術の開発に回す予算を増やすべきである。

シュレーダーの改革は、実際に痛みを伴う本格的な物だった。まず、年金の支給水準を、退職時の手取り所得の六十九％から六十七％に減らした。さらに公的年金の赤字が二〇〇四年に八十億ユーロ（約一兆四百億円）に拡大することがわかると、二〇〇四年度の年金支給額を物価上昇率に合わせて増加させず、据え置くことを決定した。ドイツの年金受給者はこの年から介護保険料も全額負担させられることになったので、このことは年金の実質減額を意味した。年金の支給額が削減されたのは、史上初めてのことである。

また国民が特定の民間の年金保険を購入すれば、政府の補助金をもらえる制度も導入した。また公的健康保険は二〇〇五年から歯の治療費をカバーしなくなるほか、全ての医療サービスや薬の購入について、患者は三ヶ月ごとに、最高十ユーロ（約千三百円）の自己負担をさせられることになった。

経済が七〇年代ほどの成長率を見せておらず、人口が減っているのだから、国民は政府に頼らず、自分で民間の年金保険を買うなどして、老後に備えるべしというのが、政府のメッセージである。これまでドイツでは日本ほど貯蓄型の生命保険が普及していなかったが、社会保障制度の切り詰めが本格化し始めてからは、貯金の一手段として人気が高まっている。特に、多くのドイツ人が九〇年代後半に株式投資ブームで多額の資金を投じた後、ＩＴバブルの崩壊と株価下落で損をしてからは、リスクが比較的少ない生命保険に資金を回す人が増えている。

市場原理に従う純粋資本主義の国アメリカとは違って、ドイツ経済は、政府が社会保障の安全ネットを提供するなど、国が経済活動の中で一定の役割を担《にな》うことから「社会的市場経済」と呼ばれてきた。しかし日本人である私の目には、この国の社会保障制度は、国民を柔らかい繭《まゆ》でくるむような、過剰サービスであるように映った。アメリカ人の目には、社会主義国に見えるに違いない。ドイツ人の国民性を考えると、この国がアメリカのように、社会保障がほぼゼロに近く、健康保険を持っていない市民がたくさんいる国になることはないだろうが、政府が厚くなりすぎた安全ネットを徐々に薄くしていき、人々に自助努力を求めていくことだけは確かである。

わしらの年金のためにもしっかり働いておくれな。

テレビ界の大変化

一九八〇年代の前半に西ドイツに滞在したことがある読者の方なら、この国のテレビ放送が、いかにのどかな物だったかを覚えておられるだろう。なにしろ公共放送局には、放送休止時間があり、午後一時から三時頃までは、画面に何も映らなかったのである。放映されるドラマや映画も牧歌的な物が多く、日本や米国のテレビに慣れた人には物足りなかったはずである。

だがその後二十年足らずの間に、ドイツのテレビ界も急激に変化した。火付け役は、一九八四年に放送を始めた民間放送局だ。毎年コマーシャルからの収入を急激に増やし、特にRTLは一九九三年に平均視聴率で公共放送局を追い抜いた。民間放送局の数はどんどん増えているが、激しい競争のために、番組の内容は低下する一方だ。数人の若い男女が、コンテナの中で行う共同生活を、各部屋に設置したカメラで撮影し、放映する「リアリティーTV」や、残虐《ざんぎゃく》なシーンを含む米国のB級映画、深夜の過激なお色気番組などについて、知識階層からは苦言が出ている。

公共放送を見れば良質の番組もいくつかある。たとえば、ARDやZDFの海外ドキュメンタリーは、綿密な取材に基づいている場合が多い。またドイツとフランス共同の公共放送ARTEは、ドイツ語とフランス語で同じ内容を放送する異色のテレビ局で、国際問題・社会問題を鋭い切り口で扱うことで定評がある。女性ジャーナリストがタリバン政権支配下のアフガニスタンに潜入し、生命の危険を冒して隠しカメラで撮影した、素晴らしいドキュメンタリーも、ARTEが放送した。いわゆる「いやし系」の番組としては、動物に関する番組が日本に比べてはるかに多い。この国の家庭には、二千五百万匹を超えるペットがいると言われているが、ペットを飼う時の注意点や、家でワニや蛇、豚など変わったペットを飼う市民、アフリカの野生動物に関する番組の洪水には、ドイツ人の動物好きを強く感じる。

さてドイツでも放送のデジタル化が進んでいるが、最近デジタル方式の威力を痛感した。私のミュンヘンの自宅では、アナログ方式の衛星放送を受信していたが、二〇〇三年からBBCの衛星放送がデジタル化されて見られなくなったので、切り替えることにした。アンテナはそのままで、デジタル受信機をつなぐだけで、なんと四百ものチャンネルが受信できるようになった。アナログ方式に比べると、チャンネル数がいっきょに何十倍にも増えたことになる。

しかも見られるのは、フランス、イタリア、スイス、英国、ギリシャ、マケドニア、ポーランドなど欧州のテレビ局だけではない。イラク戦争で有名になったアル・ジャジーラやアブダビ放送、国営イラク放送など中東の番組、またタイ、中国、韓国のようにアジアの衛星放送も飛び込んでくる。イタリアの公共放送局RAIだけでも、十種類のチャンネルがある。また統合が進むヨーロッパらしく、EUの主要国の言語で同じ内容を放送するニュース専門局、EuroNewsという放送局も見つけた。

ドイツ国内でも、MDR（中部ドイツ放送）が、ザクセン州、テューリンゲン州などに流しているローカル放送まで、ミュンヘンにいながら見られる。また、視聴者の趣味に応じて、特定のテーマに関する番組だけを、一日中流している局もある。たとえば、スポーツ、鉄道、ヨットによるセーリング、ショッピング情報、ファッションに関する番組だけを、それぞれ放映しているのだ。一日中米国の宗教家の説教を流している「神様テレビ」というチャンネルもあった。

デジタルTVの世界は混沌《こんとん》そのもので、番組表は存在しないので、自分で四百種類のチャンネルを一つずつ選び、紙に書いて局の番号をメモする必要がある。これから時間が経《た》つとともに、チャンネル数はどんどん増えていくに違いない。ジャミング（受信妨害）がかけられているわけでもないので、受信機さえあればチャンネルを合

57=RAI
236=NBC
280=BR
162=NHK
335=ORF
96=CNN
71=HR
241=ZDF
83=ARTE
375=ABC
122=MDR

わせるだけで、見ることができる。ドイツにも有料チャンネルはあるが、あまり人気がない。私の家で受信できる衛星放送の九十九％は、無料だ（日本からの放送は、NHKのニュースだけ無料で見られるが、他の番組にはジャミングがかかっており、チューナーを買わないと見ることができない）。

これだけ外国のテレビが簡単に見られると、どんな言語でも同時通訳してくれる装置を、早く欲しくなる。特にイラク戦争たけなわの時、アル・ジャジーラを見ていて、そう思った。テクノロジーの進歩によって、情報は洪水のように我々の家の中に流れ込んでくるのだが、言語能力がついていかない。言葉の壁を崩すことができれば、我々は中東やアフリカなど異なる文化を持つ国々の言い分を、もっと理解することができるだろう。ただし、便利な翻訳機械がすぐに開発されるとも思えないので、当分の間は、額に汗して外国語を勉強するしかないようだ。

健康のコスト

ドイツでは、日本と同じように国民全員が健康保険に入らなくてはならない。ふつうサラリーマンは公的健康保険に入るが、日本と大きく違うのは、所得が一定水準を超える人は、民間健康保険に移ることができる点だ。ふたつの保険の大きな違いは、公的保険では家族が何人いても、一人分の保険料で全員の医療費がカバーされるが、民間保険では、家族一人一人の保険料を払わなくてはならない。このため、家族が多い人には、公的保険の方がとくである。

独身の場合には、民間保険の方が少し保険料が安い。また、受けられる医療サービスも公的保険よりも良いというので、私はドイツに来た直後に民間にきりかえたのだが、結婚したら保険料が二倍になってびっくり。あわてて公的保険機関に「戻りたいのですが」と尋ねたら、「失業しない限り、民間から公的保険には戻れないことになっています」というつれない答えが返ってきた。

公的保険では、保険証を病院に持っていけば、診療費は病院から公的保険機関に直接請求されるので、患者は治療にいくらかかっているか、直接目にすることはない。これでは、少しの病気でもすぐ医者に行こうという気になるだろう。ところが民間保険では、病院から患者に請求書が送られてくるので、患者は請求書を民間保険会社に送って、医療費を自分の口座に振り込むように請求しなくてはならない。したがって、治療にいくらかかっているかを、毎回見ることになる。流感にかかったために、行きつけの医者に行って超音波検査を受け、血液を取って検査してもらうだけで、五百ユーロ（約六万五千円）の請求書が送られてくる。このように具体的な金額を見せられると、よほど具合が悪くない限り、医者に行く気はしなくなる。

しかも民間の健康保険料は、年々上がる一方である。私が二〇〇四年に払っていた保険料は、二人分で毎月六百二十ユーロ（約八万六百円）。保険料がこれ以上高くならないように、通院治療については、一人につき千ユーロ（約十三万円）まで毎年自己負担しなくてはならない。つまり、診療費が千ユーロになるまでは、保険会社は診療費を払ってくれないのだ。だが、通院治療の診療費が年間千ユーロを超えることはめったにない。保険会社にとっては、それほど病気にもならず、高い保険料を払ってくれる理想的な顧客である。これでは保険料と診療費の自己負担分を払うために、働いているような気がしてくる。

しかも民間保険に入っている患者は、医者にとって金のなる木である。ドイツでも医療費を抑制するために、医師の診療費請求にいろいろな制限を加えている。公的保険に入っている患者については、請求できる診療費に上限があるのだが、民間保険の患者には上限がない。このため、医師たちは民間保険に入っている患者を一人でも多く抱えようとする。この国では急患以外は、電話で診察時間を予約してから医者に行くのがふつうだが、電話をかける時に「民間保険に入っている」というと、公的保険の患者よりも早く予約を取ることができる。

私のかかりつけの医師S氏も、健保制度改革に拍車がかかり始めてから、診察の時に「熊谷さん、良い洋服を着ていますね」などと、それまで言わなかったお世辞を口にするようになった。また以前よりも頻繁に、血液を採取して検査に回したり、流感や破傷風などの予防接種を勧めたりする。民間保険に入っている顧客からできるだけ金を取ろうという魂胆がありありである。彼の医院の待合室に、最近あまり患者の姿が見えないことと関係があるのだろうか。ミュンヘンには、民間保険に入っていない患者を受け付けないという整体医も現われた。

米国では一九九八年の時点で健康保険を持っていない市民の数が、四千四百万人に達していた。これは、人口の十五%に相当する。私はワシントンの病院に健康診断を受けに行った時に、医師から「どのクレジットカードを持っていますか」とまず聞かれて驚いたことがある。

ドイツの健保制度がそこまで極端な状況になるとは思えないが、収入によって医療サービスに大きな差が出る時代が、近づいていることだけは間違いなさそうだ。それでも、ドイツで健康保険に入ろうとする人は、公的から民間への切り替えが後戻りできない道であることに注意し、私の苦い失敗を繰り返さないようにしてほしいと思う。

カチッ
カチッ
€600,75
€500
€100
€100
€100
€50

環境とゴミとドイツ人

ドイツ人はヨーロッパで最も環境意識が高い国民である。南イタリアやポルトガル、スペインなどに行くと、至る所にゴミが落ちており、ドイツ人がいかに環境保護を重視しているかに気づかされる。特にシチリア島に行った時には、道の端にプラスチックのコップや煙草《たばこ》の吸い殻、壊れた家具などが散乱しており、ゴミ箱に犬の死体が捨ててあったほか、海で泳いでいたら女性の生理用品が、目の前に漂っていて、いささか閉口した。やはりイタリアのマルケ地方で美しい田園風景を満喫していたら、古い印刷機械の残骸《ざんがい》やポンコツ同然のトラクターなどが草むらにたくさん捨ててあり、げんなりしたこともある。

南欧を見てからドイツに帰ってくると、この国の美しく清潔な環境に感心させられることがある。特に一九九八年に環境政党である緑の党が、社会民主党とともに政権の座についてからは、環境保護のための様々な政策が打ち出されるようになった。その一つをご紹介しよう。

二〇〇三年の正月明けに、初めてミュンヘンのスーパーマーケットや酒屋へ行ったら、ビールやミネラルウォーターが、一斉に値上がりしているのに気がついた。特に高くなっているのは、アルミの缶に入ったジュースやビールである。本体の値段にかかわらず、一律二十五セント（約三十三円）値上がりしているのだ。ドイツの缶ビールは六十セント（約七十八円）なので、四十二％の大幅な値上がりである。いったい何が起きたのだろうか？

実はこの二十五セントは、資源の回収やリサイクリングを強化するために、ドイツ政府が導入した、いわば缶や瓶の「貸し出し料金」である。客はビールを飲んだ後、レシートと空き缶を店に返却すれば、二十五セントを返してもらえる。

ドイツではこれまで特別に設立された民間企業が、ワインやビールの瓶などを回収して、資源として再利用する活動を行ってきた。どの町にも、緑や茶色のガラス瓶を入れるための回収箱がすえつけられている。また、ミネラルウォーターとビールのガラス瓶は、もともと貸し出しが行われており、酒屋などに返却すれば、貸し出し料金が返ってくるようになっていた。ただし、ジュースやコーラのペットボトルや、ビールのアルミ缶などはこれまで回収されておらず、ふつうのゴミとして捨てられることが多かった。

緑の党出身の左派政治家が大臣であった連邦環境省は、この種のゴミを減らすべく、割高の貸し出し料金を導入したのである。こうした飲み物を売る商店は、中身が一・五リットルまでの瓶や缶には二十五セントの貸し出し料金、一・五リットル以上の商品については、五十セント（約六十五円）の料金を徴収し、客が空き缶や瓶を持ってきたら、その料金を返さなくてはならない。

貸し出し料金を徴収しない商店の経営者は、「包装廃棄物規制令」違反で罰せられる恐れがある。市民に評判が悪いのは、空き缶や瓶を買った店でなければ、返却できないことだ。消費者は、瓶や缶をどこで買ったかを覚えていなくてはならないし、レシートをなくしたら、返却できなくなる。たとえば、自動車で旅行している時に、ガソリンスタンドや休憩所の商店で買ったジュースでも、その場所で飲んで空き瓶や空き缶を返さないと、貸し出し料金を返してもらえないというのは、不便である。このため私は、貸し出し料金の含まれているジュースなどを買ったら、レシートを瓶にセロテープで貼《は》り付けることにしている。こうすれば、買った場所を忘れたりレシートをなくしたりする危険がなくなる。

さてドイツ政府の狙《ねら》いは、明白である。環境省は、アルミ缶などについて、高い貸し出し料金を課すことによって、消費者が使い捨ての容器に入ったビールやジュース

BIER
BIER
COLA
SAFT
COLA
BIER
SAF
COLA
BIER
BIER
SAFT

を避けて、リサイクルできるガラス瓶に入った商品を買うことを促そうとしているのだ。実際、あるスーパーマーケットでは、この規制令が導入されてから一年ほど経《た》って、缶入りのビールやジュースを全く売らなくなってしまった。

私の住んでいるアパートの向かいで、飲み物や新聞を売っている店のご主人は「瓶や缶の貸し出し料のせいで値段が上がったので、特に子どもたちが飲み物を買わなくなり、売り上げが減っています」と困り顔である。消費者の間でも、買った店でないと返せないという厄介な決まりのために、空き缶や瓶の貸し出し料金制度は、評判が悪い。

環境保護への情熱は結構だが、なにごとも法律できっちり強制しようとする政府のやり方には、とてもドイツ的なものを感じる。

ドイツ介護事情

私が住んでいるアパートから西へ二キロほど行った所に、建設されてから百年は経っていると思われる、立派な建物がある。美術館だと言われても納得するような、風格のある建物である。入り口に掲げてある看板を見るまで、この「宮殿」が高齢者介護施設だとは気がつかなかった。天気の良い日には、車椅子《いす》に乗ったお年寄りたちが、建物の前の芝生で日向《ひなた》ぼっこをしている。ミュンヘンにはあちこちに、このように堂々とした介護施設がある。

ドイツが高福祉国家であることを強く感じるのは、病院や介護施設を訪れる時である。私の妻が、取材のために、ミュンヘン市内の介護施設を訪ねたことがある。介護を受けているお年寄りのほとんどは、貧しいために生活保護を受けている人たちだったが、すべて二人部屋だった。病院でも、個室か二人部屋がほとんどで、部屋には専用電話までついている。日本で私が入院した時に体験したような、六人部屋はありえない。病院は、日本で見た多くの病院よりも清潔だ。この国は蓄積した富を、利用者が少ない国道や橋の建設に費やしたり、金融機関の損失の穴埋めに使ったりするよりは、年老いた人や病んでいる人のために、分配しているという印象が強い。

だが、社会保障制度の費用や労力が、社会と個人にもたらす重圧は、ドイツでも年々高まっている。連邦健康省の調べによると、介護が必要な市民百九十五万人の内、六十九%が自宅で介護を受けている。長期間滞在できる介護施設は、全国で約八千ヶ所しかない。

ドイツで六十歳以上の市民が人口に占める割合は、二〇〇二年の時点で二十三%だが、二〇五〇年にはこの比率が三十七%に達し、介護が必要な市民の数は、六百万人に増えると予想されている。このため、今後五十年の間に、コストが急激に増えることは間違いない。そこでドイツ政府は、介護費用を多くの市民に負担させるべく、一九九五年に介護保険(Pflegeversicherung)を導入した。日本では四十歳以上の人しか保険料を払い込まないのに対し、ドイツの勤労者は、全員介護保険に加入し、毎月所得の一・七%を保険料として納めなくてはならない。

介護保険のサービスを受ける人は、入浴や食事、買い物などを、どの程度他の人に依存しなくてはならないか、つまり介護が必要な度合いに応じて、三種類に分けられる。この介護必要度に応じて、介護給付の額が決定される。また、家庭の事情や本人の希望に応じて、介護人が家に来て、世話をしてくれるサービスか、金銭による支援のどちらかを選ぶことができる。たとえば、二十四時間の完全介護が必要で、自宅に住んでいる人は、毎月最高千九百十八ユーロ（約二十五万円）相当の訪問サービスを受けるか、毎月六百六十五ユーロ（約八万六千円）の現金を受け取ることができる。また介護必要度が最も高く、施設で完全介護を受けている人については、最高毎月千六百八十八ユーロ（約二十二万円）まで費用がカバーされる。

鳴り物入りで導入された介護保険制度だが、一九九九年から毎年赤字が拡大している。介護に関する支出は収入を上回る速度で増加しており、二〇〇三年の赤字額は、過去最高の五億ユーロ（約六百五十億円）に達した。

また介護保険導入のきっかけは、地方自治体から生活保護を受けるお年寄りを減らすことだったが、介護保険導入後も、一部の要介護者の生活苦は解消されていない。

施設に入居している要介護者で、生活保護を受けている人は、二〇〇三年までの四年間に四万人増えて、二十万三千人に達した。つまり、施設で介護されている人の三人に一人が、生活保護を受けているのである。実際、ドイツの介護施設に入居するには、一ヶ月に少なくとも三千ユーロ（約三十九万円）は払わなくてはならないため、介護保険の給付金だけでは、とても足りない。

欧州統計局によると、二〇〇〇年にはドイツの国内総生産のじつに二十九・五%が、社会保障支出として使われていた。日本の約十六%と比べると、ドイツの富が、いかに集中的に社会保障に向けられているかがわかる。ドイツの経済界では、「社会保障制度を大きく変革しなくては、ドイツ経済のダイナミズムが失われる」という懸念《けねん》が強まっている。

二人部屋の介護施設や病院を用意してくれる社会保障制度は、自分が受益者になった時には有り難いものだが、ドイツ経済のエンジンがせきこんでいる中、この制度を現在のままの水準で維持するのは、まず無理だろう。国民が社会保障削減という苦い薬を飲まされつつある理由も、正にそこにある。

信号小人のひとりごと

日本のみなさん、こんにちは。ぼくの名前は信号小人です。ドイツ語でアンペル・メンヒェンといいます。ベルリンの東側や、旧東ドイツに来た時に、歩行者用信号機の所でぼくを見かけた人も多いと思います。ぼくは、一九六一年、東ドイツが社会主義国だった頃に生まれました。

イラストを見てもらえば、西ドイツの信号機で使われている歩行者の絵とぼくの違いがはっきりします。西側の歩行者の絵は、なんだか機械的で、面白みにかけているでしょう。お金と効率性がすべての、資本主義社会の回し者という感じがしますね。それにひきかえ、ぼくは胸をはって、腕をいせいよく振り上げ、さっそうとした歩き方をしていると思いませんか。「上を向いて元気を出して歩こう」という雰囲気でしょう。それに、帽子までかぶって身だしなみもきちんとしています。

西側の信号に比べると、ずんぐりむっくりしているですって？　東ドイツは社会主義の国でしたが、それほど栄養状態が悪かったわけではないのですよ。やせ細ってあじけない、西側の信号機の歩行者に比べると、ぼくの方がユーモラスで温かみがあるじゃないですか。

一九九〇年にドイツが統一された時、東ドイツでも喜んでいる人がたくさんいました。壁がなくなって、東ドイツの人があちこちに自由に行けるようになったことは良いことだと思います。壁を越えて西ドイツに行こうとしただけで、兵隊に射ち殺されるなんて、やはりひどいですよね。りっぱな高速道路が次々に建設され、団地や家も修復されました。社会主義時代に作られて、公害の元になっていた古い火力発電所が閉鎖されて、空気がきれいになりました。

でも統一からしばらくすると、西側の役人がやって来て旧東ドイツの道の名前を変えたり、自分たちの規則を、東側の人たちに押し付けたりし始めました。役人たちは、二〇〇〇年から歩行者用の信号機まで西ドイツと同じ物に替えて、ぼくを信号機から追い出そうとしたのです。

ところが旧東ドイツの人たちが、役人たちの態度に腹を立てて、ぼくを廃止することに反対する運動を始めてくれたのです。一九九六年には「信号小人救済委員会」が結成されたほか、ぼくをデザインしたキーホルダーやTシャツ、マグカップまで売られるようになりました。インターネットでも、たくさんの人たちが「信号小人を変えるな！」と叫んでくれたのです。

この結果役人たちも、東側の人たちのマスコットになっているぼくを追い出すことを、とりあえずあきらめたようで、ぼくは今も働いています。一度西側と同じデザインに替えられた信号機まで、また元に戻されましたから、どうやらぼくの命は救われたようです。

旧東ドイツの人たちは、「旧西ドイツの人たちは東側の物がすべて劣っていると考えているようだ」とよく腹を立てています。国営企業が閉鎖されたり、リストラされたりしたために、仕事が見つからない人がたくさんいるのです。彼らにとっては、ぼくを守ることが旧東ドイツのアイデンティティーを完全に失わないための、小さな戦いの一つだったのでしょう。

東ドイツには、西側になかったものがたくさんあります。事務所のドアを封印するための粘土も、その一つです。これも、今では多くの事務所で廃止されてしまいました。時代がかっていて、面白いと思うのですけどね。

そうそう、一つだけ東ドイツの規則が西側に「輸出」された例があります。それは、「右へ向いた緑色の矢印の標識がある交差点では、赤信号でも徐行しながら右へ曲がっても良い」という交通規則です。東ドイツでは当たり前でしたが、西側にはこの規

西ドイツの信号小人

東ドイツの信号小人

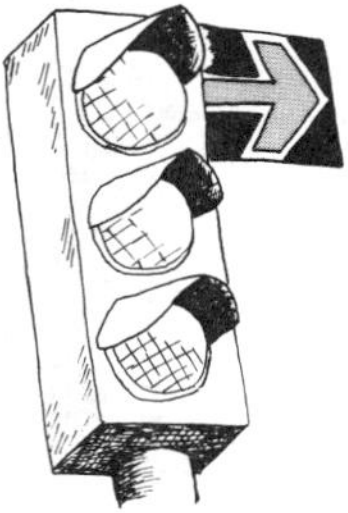

この矢印が
ある交差点では
赤信号でも
右折して
よい。

事務所の封印。
二つの輪の中の
粘土にひもを
埋め込み、さらに
その上に判を
押してから
退庁した。

則はありませんでした。

このため壁が開いた直後に、東ドイツに来た西ドイツ人は、この規則を知らずに、赤信号で右折しないで待っていたために、よく後ろのドライバーからクラクションを鳴らされていたものです。二〇〇〇年ごろにはミュンヘンを初め、旧西ドイツの多くの町でこの緑色の矢印が導入され、どんどん広がっています。西側の役人たちも、東側で緑の矢印を見て、「これはなかなか便利な規則だ」と思って、取り入れることにしたのでしょう。旧東ドイツ人の中には、緑の矢印が西側に広がっていると聞いて、「東ドイツにも良い物はあったのだ。西ドイツに一矢《いっし》を報いてやったぞ」という感じで喜んでいる人は少なくありません。

ぼくを廃止するか存続させるかについて、人々が議論するのを信号機の上から眺めていたら、「ドイツの西と東は、人々の心の中ではまだ完全に統一されていないのだなあ」という気がしました。

住まないとわからないドイツ語の乱れ

ゲーテは、「自分の母国語を理解するには、外国語を学ぶ必要がある」という意味のことを言っている。私は日本語と英語、ドイツ語を毎日使って働いているが、このゲーテの言葉には真実が含まれていると思う。私は日本にいた時よりも、日本語のニュアンスの豊富さ、繊細さ、美しさを強く意識するようになった。

つまり、外国語を勉強すると、母国語についても敏感になるのだ。したがって、外国語を学んでおられる読者の皆さんの中にも、日本の町で飛び交う「ちょーむかつくじゃん」とか、「こちら、一万円からのおあずかりになります」といった言葉を聞いて、「日本語はひどく乱れている」と感じる方がおられるかもしれない。しかし、言葉が乱れているのはドイツも同じだ。

ＮＨＫのドイツ語講座や、日本の会話学校で話されているような美しいドイツ語を耳にすることは、まれである。たとえば、私が日本の高校でドイツ語を始めて習った頃には、副読本に「Gestatten Sie……?（……してよろしいですか）」などという言葉で始まる質問が書かれていたが、演劇や映画を除けば、ドイツでこのような丁寧な言葉を聞くことはめったにない。やはり若者の言葉の乱れが目立つ。

たとえば、ドイツ人の知人Aくんの口癖は「geil（ガイル）」。これはもともと「淫《みだ》らな」とか「いやらしい」という意味だが、今日では「すごい」とか「かっこいい」という意味で使われることが多い。Aくんにとっては、ゆうべ行ったロックコンサートもgeilなら、インターネットのオークションで競り落とした油絵もgeilなのである。彼のように語彙《ごい》が貧しい人には、よく出会う。この言葉を使うのはAくんだけではなく、地下鉄の駅の壁に、安売りで有名なスーパーマーケットの巨大なポスターが貼《は》られていたが、そこにも、「Geiz ist geil」と書かれていた。「けちはかっこいい」という意味だが、不況の只中《ただなか》にあるドイツを象徴するキャッチフレーズである。

言葉が乱れているのは庶民だけではない。シュレーダー首相も、イラクへの復興支援をめぐり連立与党のパートナーである緑の党の議員が、首相の意思に反する発言をしたところ、「Es ist zum Kotzen（反吐《へど》がでそうだ）」という言葉を使って、この議員を批判した。あまり一国の代表には公《おおやけ》の場で使って欲しくない表現である。

どの言語にもあてはまることかもしれないが、ドイツ語は話すよりも、書くほうが難しい。一つの例を挙げよう。ドイツで生まれたトルコ人の若者Bさんは、家ではトルコ語で話しているが、ここで学校に通い、ドイツ人の友人も多いので、全くなまりのないドイツ語を話す。ところが、文章を書かせると、文法は間違いだらけ。ドイツ人と結婚し、この国に十年以上住んでいるロシア人のCさんも、会話には不自由しないが、送られてきたクリスマスカードの文法は、ドイツ語学習を始めて一年目のレベルだった。外国人だけでなくドイツ人でも、高等教育を受けていない人には文法の誤りが多い。

また、英語を文章の中に混ぜる人が増えていることも、ドイツ語の乱れを象徴している。日本でも、日本語で表現できる言葉を、わざわざ片仮名の奇妙な英語で表現する人がいるが、ドイツでも似た現象が起きている。ドイツ語の不定詞は語幹に en が付いているので、英語の単語にこの語尾を付けて、ドイツ語の動詞にしてしまうのだ。

たとえばコンピューターに関する会話の中では、forwarden（転送する）とか saven（保存する）などという言葉が、ごく普通に使われている。会社では言葉の美しさよりも、意図が早く伝わり作業がスムーズに行われることの方が大事だとわかってはいても、こういう言葉を聞くと、げんなりする。政治家などが世に出るという意味の outen という動詞は、英語の out から来たものだが、インタビューの中で、政治家がこの動詞を使っているのを聞いたことがある。シラーやゲーテがこういう言葉を聞いたら、墓の中で寝苦しくなって、七転八倒するのではないだろうか？

ドイツ人の名誉のために一言付け加えると、正しいドイツ語を話している人も、もちろん少なくはない。私はドイツの経営者団体に招かれて、ベルリンで日独関係についてドイツ語の講演をしたことがあるが、講演の後に、学者や経営者との討論で話されていたドイツ語は、文法的に完全で、表現も美しいものであった。日常生活で氾濫《はんらん》する、乱れた言葉から、自分のドイツ語を守るには、本や水準の高い新聞を丹念に読んだり、知的水準の高い人々と話をしたりして、それなりに努力をする必要があるようだ。

JOHANN
WOLFGANG
VON
GOETHE
1749-
1832
geil!
Super-
geil!

ＩＴとドイツ人の関係

　私はミュンヘンの中心街に住んでいるのだが、向かい側のアパートまでは、道を挟んで三十メートルくらいしかない。これくらいの距離だと、夜になれば、こちらのカーテンを閉める時に、別に覗《のぞ》く気がなくても、住人の姿がちらりと見えてしまう。その中で目立つのが、背中を丸めて、独りコンピューターに向かう男たちの姿だ。彼らは電子メールを書いているのか、それともインターネットを使った、商品の競売に参加しているのか。はたまたネット上のチャット・ルームでおしゃべりに興じているのか。

　日本と同じように、この国でもコンピューターを前にして、バーチャルな生活を送っている独身貴族は少なくない。十四歳以上のドイツ市民の内、インターネットを使用する人の割合が、二〇〇〇年には十四％だったが、二年後には四十四％に急上昇した。米国のネット利用者の比率、六十六％には、まだ遠く及ばないとはいえ、使う人の数が急速に増えていることだけは確かだ。

ドイツ人がインターネットを使う時間は、一ヶ月に平均九時間。彼らは何のために電脳世界を利用しているのだろうか。インターネットの使用目的についてのアンケート調査によると、「旅行目的の検索をすることが一番多い」と答えた人が回答者の五十％を占めた。六週間の有給休暇を全《すべ》て取ることができ、外国旅行に激しい情熱を注ぐドイツ人らしい調査結果である。

確かに、ドイツ人の旅行先として人気があるイタリア、クロアチア、ギリシャ、トルコなどのホテルや民宿のウェブサイトには、英語だけでなくドイツ語で書かれている物が少なくない。特にドイツ人は、他の人があまり行かない農園や人里はなれたお城などに泊まるのが好きだが、根気良く探せば、ネットでいくらでも掘り出し物が見つかる。私と妻は二〇〇三年の夏ミュンヘンから、イタリアの最南端にあるシチリア島まで車で旅行したが、宿はすべてインターネットで予約した。島の西部、マルサラという町からさらに三十キロ離れた、葡萄《ぶどう》畑の真ん中にある農園の民宿に着いた時には、「インターネットがなければ、こんな辺鄙《へんぴ》な所には絶対に来られなかった」と電脳世界の威力をかみしめた。

米国に比べるとコンピューターの導入が遅れていたドイツの職場でも、ここ十年間で急速にＩＴ化が進み、効率性は飛躍的に向上した。

そのかわり、社内だけでなく顧客からの仕事の注文や問い合わせも電子メールで届くために、以前よりもすばやく対応しなくてはならず、労働量が増えたとこぼすドイツ人が多い。特に金融関係の仕事では、大量の書類や計算書でも圧縮して電子メールに添付すれば、マウスをクリックするだけで瞬時に送ることができるようになった。時間を節約するために、会議や研修も電話と社内のイントラネットを使って行うのが主流になっている。また、仕事上の決まりや連絡事項まで、社内のイントラネットに掲示される。PCの急速な普及は、勤め人の負担を増やし、仕事を忙しくする要因になったようである。

ＩＴ時代のもう一つの立役者である携帯電話は、ドイツでは日本ほど発達していない。二〇〇二年の時点で十四歳から六十四歳の市民の間で携帯電話を持っている人の割合は、七十一％にとどまっている。特に遅れているのが、携帯電話を通じたインターネットの利用である。ＳＭＳと呼ばれる電子メール・システムを使っているのは若い世代に限られ、日本のようにサラリーマンが顧客や上司からの電子メールを携帯電話で受信して、返答するという風景はあまり見られない。電車の中で、たくさんの若者が携帯電話の小さな画面を見つめて、メールを送っている姿も見られない。また日本のようにレストランや列車時刻、上映中の映画を携帯電話で検索するというサービ

わしゃ携帯なんて絶対に持たんぞ!

スもほとんど知られていない。

　それでも、携帯電話が生活の一部になりつつあることは、ドイツでも変わりはない。ドイツで買った携帯電話を、周辺のイタリアやフランスはもちろん、イスラエルへ行っても使えるのは便利である。国や地域が変わるたびに、電話会社の名前がどんどん変わっていく。あるホテルのレストランでは、独りで朝食をとりながら誰かと携帯電話で話している人がたくさんいた。空港の待合室で、独りごとを言っている人がいるなと思ったら、ビジネスマンが、電話を耳に近づけなくても良いように、イヤホンとマイクで携帯電話を使っているのであった。喫茶店で携帯電話を使った長話に興じている人が多いのは、日本と同じ。現代社会の中でケータイは、ヒマつぶしのための道具として、またビジネスマンの武器として、不動の地位を占めてしまったようである。

環境省VS経済界の対決

ドイツ北部、ニーダーザクセン州のシュターデ原子力発電所。二〇〇三年十一月十四日の夜、発電所の技術者たちは、三十一年間にわたって稼《か》動《どう》してきた原子炉を停止させた。二〇〇〇年にシュレーダー政権が決定した脱原子力計画に基づいて、稼動中の原子力発電所が初めて停止させられた瞬間である。

この日、緑の党に属する連邦環境省のJ・トリティン大臣は、ベルリンの現代美術館で、シュターデ発電所の停止を祝うパーティーを開き、脱原発主義者や環境保護団体を招いて、シャンペンのグラスを傾けた。トリティン氏は、「シュターデの停止で、ドイツの原子力発電に未来がないことを、我々は明確に示した。二〇二〇年には、この国には一基の原子炉も動いていないだろう」と述べ、反原子力の姿勢を改めて強調した。

さてドイツの経済界では、トリティン大臣が公費を投じて、シュターデの停止を記念するパーティーを開いたり、宣伝キャンペーンを行ったりしたことに対して、「悪趣味だ」として眉《まゆ》をひそめる向きが多かった。この国では、長期的なエネルギー政策をめぐって、激しい議論が行われている最中だからである。ドイツの全発電量の約三十%は原子力でまかなわれているが、トリティン大臣が風力発電など再生可能エネルギーに多額の補助金を投じる以外に、代替エネルギー確保の具体的なスケジュールを示していないことについて、経済界は不満をつのらせている。二〇〇三年夏には、エネルギー産業の組合の委員長が、シュレーダー政権に脱原子力政策の見直しを進言した他、野党CDU（キリスト教民主同盟）のA・メルケル党首（現在は首相）が、政権交代を達成した際には、脱原子力合意を見直す方針を明らかにしていた。

ドイツ電気事業連合会（VDEW）は、ドイツが原子力発電をやめてしまったら、京都議定書に基づく、二酸化炭素排出量の削減目標は達成できないという立場を取っている。原子力でまかなわれていた電力を、石炭火力発電所などで補わなくてはならないからだ。VDEWでエネルギー政策を担当しているH・ラート氏は、政治的なイデオロギーではなく、経済性に基づいて原子力、再生可能エネルギー、石炭火力などのバランスを、長期的な視野に立って決めるべきだと主張する。「我々は再生可能エネルギーの使用には賛成だが、競争に対抗できる経済性を持たせるべきだ。将来EUは単一の電力市場になり、欧州の全ての国は競争関係に立たされる。そうした中で、ドイツだけが原子力は危険という理由で廃止し、再生可能エネルギーだけに、ジョウロで水を注ぐように補助金を投入するのは誤りだ」。

チェルノブイリ原発の事故で、国土が放射能によって汚染された経験を持つドイツでは、市民の原子力に対する反感は強い。またドイツ人の環境意識は、欧州でもトップクラスの高さであるため、市民の間では原子力廃止についての危機感は強まっていない。ただし経済界とりわけ製造業界は、脱原子力によって電力料金がはね上がった場合、業績に影響を与えるため、環境省の政策に不信感をつのらせている。代替エネルギーの導入が経済的に成功するという保証がないのに、原子力発電をやめてしまっても、大丈夫なのかという懸念《けねん》が出ているのである。

緑の党の政策は、すでにエネルギーの価格に影響を与えている。ドイツでは一九九八年に電力市場が自由化されて、電力の供給先を変更できるようになったため、電力会社の間で価格競争が起こり、料金が一時的に安くなった。電力を大量に消費する製造企業の中には、料金が三十％から五十％も下がった所があった。しかしシュレーダー政権が、環境税や、再生可能エネルギーを促進するための税金などを、電力料金に上乗せして、企業や市民から徴収するようになったため、料金は再び上がり始め、自由化による恩恵はあまり感じられなくなってしまった。また、環境税のためにガソリンの価格も、コール政権の頃に比べて割高になった。「車両税の算定基準を、二酸化炭素の排出量に切り替えて、一部の車種にかかる税金を大幅に高くする」という案が、環境省から報道機関にリークされて、自動車業界を激怒させたこともある。

同じシュレーダー政権の中でも、エネルギー政策を担当する経済労働省のW・クレメント大臣（社会民主党）は、経済界や電力業界の意向に耳をかたむけ、ドイツ経済が原子力廃止によって、悪影響を受けることを防ごうとしている。彼は、閣内の意見が対立している印象を外部に与えないようにしながら、トリティン環境大臣の暴走を食い止めるという難しい役割を負わされている。

「政権交代が起きて、一刻も早く緑の党を環境省の担当から外して欲しい」というのが、経済界の本音であるに違いない。

経済労働省
ATOMKRAFT
NEIN DANKE
環境省
自然を守れ
Die
Grünen

旧東ドイツ・人口流出はなぜ止まらない

日本でも大きく報道されたドイツ統一から、十六年の歳月が流れた。半世紀近く壁で分断されていたドイツ民族が、再び一つの国となった感動や喜びはとうに消え去り、「灰色の日常生活」が戻ってきた。統一直後、当時のコール首相は「旧東ドイツは、花が咲き乱れる野原のようになる」と楽観的な見通しを述べたが、十六年後の現実は、それほど甘いものではなかった。

知人のドイツ人Jさんは、旧東ドイツ・テューリンゲン州のノルトハウゼンという小さな村の出身だ。Jさんは、東西ドイツが統一されてから、両親と姉とともに、ミュンヘンに移住してきた。「旧東ドイツには仕事がなく、将来の見通しが全くたたないから」というのが、その理由である。村に残った若者たちの間には仕事もせず、ぶらぶらしている者が多いという。

Jさんは金融機関でばりばり働きながら、夜間学校で勉強し、会社のお金で英会話も学ぶことができた。外国旅行も頻繁にできるし、ミュンヘンでボーイフレンドも見つけて、幸せそうである。このためJさんは、ミュンヘンに移って来たのは、正しい選択だったと言い切る。

Jさんの家族は、統一から十六年経《た》った今も、旧東ドイツから西へ移り続ける市民の一例にすぎない。連邦統計局によると、二〇〇二年の時点で、旧東ドイツの人口は、一九九一年に比べて六・五％減少している。旧西ドイツの人口は同じ時期に五・三％増えている。旧東ドイツの中でも比較的経済状況が良いザクセン州ですら、一九九〇年からの十三年間で人口が六十万人も減っている。二十一世紀の半ばには、旧東ドイツの人口が今の半分になるという予測も出ている。コール首相がドイツ統一を急いだ理由の一つは、ベルリンの壁が崩壊して以降、東側の経済を建て直さなければ、人々はどんどん西へ移住してしまうということだった。現実には、統一から十六年経った今でも、東から西への人口流出に歯止めがかかっていないのだ。

彼らが東ドイツの故郷を捨てる最大の原因は、Jさんのケースに見られるように、就職難である。旧東ドイツでは統一後に、旧国営企業が閉鎖されたり、民営化された企業が人員整理を行ったりしたために、勤労者の数が、二〇〇二年の時点で一九九一年に比べて十五％も減少している。旧東ドイツの失業率は、十七％と二十％の間を行ったり来たりしており、特に就業可能な女性の五人に一人が路頭に迷っている。旧東ドイツの人口の内、働いているのは四割にすぎないという統計もある。

東側で雇用状況が大幅に改善されない限り、人口流出は続くに違いない。特に深刻なのは、Jさんのように、やる気に満ちた若い世代が、旧東ドイツに明るい未来を見《み》出《いだ》すことができず、西側に移住する例が目立っていることだ。こういう人たちが東を捨ててしまうから、旧東ドイツの再建がさらに遅れるという、悪循環である。

さて私も含めて、ドイツで働く市民は全員、旧東ドイツ復興のために、「連帯税」という税金を今も毎月支払わされている。

ドイツ政府の調査委員会によると、統一から現在までに、旧東ドイツの経済再建や市民の生活維持のために投入された資金の額は、一兆二千五百億ユーロ（約百六十二兆五千億円）にのぼる。それなのに、一九九九年の時点で、旧東ドイツの生産設備の価値は、旧西ドイツの五十七％にしか達していない。つまり多額の復興資金が投じられているにもかかわらず、東側では工業生産のためのインフラが、西側の半分程度にしか整っていないのだ。十三年間にわたってこれだけの金額を投じているのに、旧東ドイツ経済は自立するだけの能力を持っていない。賃金水準はすでに西側の七割に達しているのに、国内総生産は西側の三割にしか達していない。したがって、「連帯税」などによって毎年多額の資金を送り込まなければ、旧東ドイツは生きのびることがで

ここへ
お入れ下さい
WEST
(西)
OST
(東)

きないのである。新しい企業が育たず、雇用が生まれないために、市民の西側への人口流出が止まらない。これでは、税金の無駄遣いと言われても仕方がない。少なくとも、経済の自立を短期間で実現するという点に関しては、ドイツ政府が統一後の旧東ドイツに対して取ってきた政策は、失敗に終わったといえるかもしれない。

二〇〇四年には、旧東ドイツよりも労働コストが安いチェコやポーランドが、EU(欧州連合)に正式に加盟した。今後は旧東ドイツを素通りして、中欧や東欧に工場を作り、生産コストを安くおさえようとする企業が増えるだろう。

旧東ドイツ経済の苦闘は、社会主義の国を、資本主義の国に改造することが、いかに難しい作業であるかを示している。今後当分の間は、東に見切りをつけて、西を目指すJさんのような若者が後を絶たないだろう。

犯罪者たちの遺産

ミュンヘン大学で考古学を勉強している知人から、「教室でパーティーをやるから来ないか」と誘われた。場所はミュンヘン市の中心部、ケーニヒス・プラッツという広場の近くで、ギリシャ彫刻館や古典絵画館など、美術館が多い地域である。重厚な石造りの建物は、外壁が煤《すす》と埃《ほこり》にまみれているものの、見る者を圧倒するような重々しさをたたえている。金庫の扉のような重いドアを開けると、中は四階まで吹き抜けの、巨大なホールになっている。天井を高くし、古代ギリシャ風の柱を現代建築に混ぜた、仰々しい造りは、ヒトラーが好んだ第三帝国風の建築様式である。

現在ミュンヘン大学の考古学科が入っているこの建物は、ナチス党の会計課など管理部門が入っていたオフィス・ビルだったのである。建物ががらんとしているため、洞窟《どうくつ》の中にでもいるように、靴音や話し声が響き渡る。床に使われている赤茶色の大理石は、ナチスが好んで使った素材で、ベルリンの総統官邸などにも使われていた。

また壁の照明にも、当時の記録写真に見られるナチス好みのランプがそのまま使われている。地下は三階まであり、非常時に備えた食糧倉庫や脱出用のトンネルも残っている。

わずか六十年前に、この赤大理石の上を、ユダヤ人殲滅《せんめつ》と世界征服の野望に燃えた人々が、ブーツの音を響かせながら、忙しそうに歩き回っていたのだ。がらんとした建物の奥深くに、ナチス党員たちの亡霊が潜んでいるような錯覚に襲われる。

ケーニヒス・プラッツの周辺は、ミュンヘンで旗揚げしたNSDAP（国家社会主義労働者党）の建物が集中しており、ナチスにとっての永田町のような様相を呈していた。たとえば、考古学科のビルのすぐ北側には、一九三八年に戦争を避けようとした英仏がナチスに対して宥和《ゆうわ》政策をとり、チェコスロバキアを見殺しにした「ミュンヘン会談」が開かれた「総統の館（フューラー・バウ）」が残っており、音楽大学の校舎として使われている。そのとなりには、ヒトラーの執務室や応接室を備えた「茶色の館」（茶色はナチス党の象徴）があったが、戦後取り壊された。

さらに音大と考古学科の校舎の間には、灌木《かんぼく》と雑草に覆《おお》われた祭壇の跡のような場所がある。ここには、一九二三年のミュンヘン一揆《いっき》の際に、銃撃戦で死亡したナチス党員を祭る、「英霊の神殿」があったが、戦後連合軍によって爆破されている。ケーニヒス・プラッツではナチス党の集会がひんぱんに催されたほか、党が禁じた本を焼く焚書《ふんしょ》も行われた。

他の地区にも、ナチスが使用していた建物が残っている。現在多くの美術ファンが訪れる「美術の館（ハウス・デア・クンスト）」も擬似ギリシャ風の典型的なナチス建築であり、ヒトラー一味が、表現主義の絵画などを「異端芸術」として糾弾するための展覧会を開いた場所でもある。

ケーニヒス・プラッツからやや北のシュヴァービング地区、シェリング・シュトラーセという通りにあるイタリア料理店「オステリア・イタリアーナ」は、ヒトラーが好んで通ったレストランの建物をそのまま使っている。またプリンツレゲンテン劇場がある広場の一角には、ヒトラーがミュンヘン滞在時に住んでいた、豪壮なアパートが残っている。ここはヒトラーが慕っていたと言われる姪《めい》のゲリ・ラウバルが、謎《なぞ》の自殺を遂げた場所でもある。

こうしたおぞましい建物を回ってみると、ミュンヘンが「国家社会主義運動の首都」と呼ばれ、ドイツに未曾有《みぞう》の不幸をもたらしたナチス党の揺籃《ようらん》の地だったことが、実感される。

私にとって興味深く思われるのは、ドイツ人たちが歴史の恥の部分も、忘却の彼方《かなた》に押しやらずに、事実として後の世代に伝えようと努力していることだ。たとえば、ケーニヒス・プラッツの近くの路上には、どの建物がナチスによって、どのような目的で使われていたかを、地図と写真入りで説明する掲示板が立てられており、通りがかりの人々が熱心に見入っている。この解説によって、歴史が単に書物や記録映画の一こまではなく、現代と深くつながっていることを、一種の生々しさをもって追体験することができる。また「茶色の館」の跡地に、ナチスの犯罪を後世に伝えるための文書館を建てる計画も進められている。

「自国の歴史を批判的にとらえればとらえるほど、他の国々との友好関係を深めることができる」。ブラント元首相をインタビューした時に聞いた言葉が、思い出される。われわれ日本人とは異なり、半世紀以上前の犯罪の記憶を風化させたり、水に流したりすることを拒否する、一部の知識階層の執念は、物事を中途半端《はんぱ》でやめたり、白黒をはっきりさせずにうやむやにすることを嫌う、ドイツ人の性格を反映しているように思われる。

ドイツ人は日本をどう見ているのか?

私は国際情勢に関心があるので、外国の新聞を読むことが三度の飯よりも好きである。日本では全く報道されないニュースが載っているだけでなく、ニュースの切り口も日本のマスコミとは全く異なることが多いからである。

最近のドイツの新聞を読んでいて気がつくのは、日本に関するニュースがとても少なくなっていることだ。一九九〇年代には阪神・淡路大震災や、オウム真理教事件などのために、日本に関する詳しい分析記事が比較的多かったが、二十一世紀になって日本発のニュースが急に減ったことを感じる。

これはドイツの日本やアジア諸国への関心がもっぱら経済に集中していたために、一九九〇年代後半にアジアで経済危機が深刻化してからは、興味が急激に薄らいだことと関係があると思う。実際、一九八〇年代の後半から一九九〇年代の前半にかけては、ドイツの経営者やビジネスマンが「日本式経営に学べ」というかけ声のもとに、日本の官庁や企業を訪れていた。

だがバブルが崩壊して十年経っても、銀行の不良債権問題が根本的に解決されないのを見て、ドイツ人たちは「あれだけ優秀だった日本は、なぜ立ち直ることができないのか」と不思議な目で我々を見ている。ドイツの経営者団体が主催したセミナーに参加した時には、参加者たちから「日本経済はいつ健康な状態を取り戻すのか」と何度も尋ねられた。ドイツの新聞の社説を読んでも、「以前は中央官庁の強い指導のもとに成長してきた、日本経済が模範として見られたが、低迷状態からなかなか脱出できない日本を見ると、欧米型経済の方が勝っていることがはっきりした」というトーンの記事が、時々見られる。ジャパンマネーの威光が薄れるとともに、ドイツ人の頭の中で、日本は、世界経済の優等生から問題児に転落してしまったのである。

だから、ドイツ人が日本に旅行すると、高級ブランド商品が飛ぶように売れており、都会はドイツの町よりもはるかに活気にあふれているように見えるので、「本当に日本は経済危機に苦しんでいるのか」と首をかしげることになる。つまり多くのドイツ人は、日本の経済停滞が、欧州の経済停滞と違うレベルにあるということを知らないのである。

いずれにしてもジャパンマネーの威光が以前に比べると薄れた今日、ドイツ人の関心はイラクや、イスラエル、ＥＵ、そして巨大市場・中国に向いているため、日本についての報道は少なくなっているのだ。

マスコミの無関心に影響されて、ドイツの庶民の知識もとぼしい。日本人留学生からは時々「ドイツ人が日本についてあまり知らず、関心もないのでがっかりした」という声を聞くが、日独間の関係は、森鷗外《おうがい》の時代から、日本がドイツに強い関心を寄せる「一方通行」もしくは「片思い」だったことを思い出してほしい。たとえばドイツ人の間には、日本人の指揮者やピアニストが欧州で活躍しているのを見て、「日本の伝統的な音楽は欧州の音楽と全然違うのに、なぜ日本人がモーツアルトやバッハを理解できるのか」などという質問を平気でする人がいる。

その反面、日本ファンの間には、俳句や水墨画、歌舞伎《かぶき》など日本の芸術に深い関心を持っている人が多い。三島由紀夫《ゆきお》から谷崎潤一郎まで、文学作品も次々に翻訳されている。黒澤明《くろさわあきら》や小津安二郎の映画には、相変わらずファンが多い。こうした欧州の「日本通」には、我々日本人の生半可な知識では通用しないくらい、造詣《ぞうけい》の深い人もいる。日本から木材を運ばせて和風の家を建て、石庭を造ったドイツ人とか、毎週座禅を行っている親日家もいる。

また、これまでドイツ人の日本文化に対する関心は、古典もしくは戦後の巨匠の作品が中心だったが、最近では漫画、アニメ、村上隆《たかし》のポップアート、北野武《たけし》の映画な

バブル崩壊後、数年間のドイツ人の反応はこんな感じだった。

ど、新しい「文化」も注目されつつある。

ただし私がドイツの「日本マニア」と話していて物足りなく感じるのは、彼らが主に目を向けているのは、古き良き日本であって、現代の日本社会にはあまり関心がないことである。朝の満員電車や都市の過密に象徴されるインフラの脆弱《ぜいじゃく》さ、複雑な人間関係、組織と個人の相克、少数者差別など現代の日本が抱える問題については知らない人が多い。これまで私が会ったドイツ人の中で、唯一《ゆいいつ》「この人は日本をかなり理解しているな」と思ったのは、フランクフルター・アルゲマイネ紙の東京特派員だったウーヴェ・シュミット氏くらいである。「どうせ外国人には、日本など理解できるわけがない」と投げ出すつもりはないが、異文化について理解させるという作業は、骨が折れる仕事であるというのが、この国に十六年間住んでいる私の率直な感想である。

ドイツ生活を楽しむには？

ハーブ風呂《ぶろ》ですっきりしよう

若い頃はそうでもなかったのだが、最近は春先になると花粉で鼻や目がひどくムズムズするようになってきた。特にマロニエの木の花が咲く四月から五月にかけては、公園でジョギングをすると、くしゃみがよく出る。ドイツでも、「ここ数年は花粉症が以前よりもきつい」と訴え、同じ症状に悩んでいる人が増えている。

こんな時には、薬局から「バーデ・エル」つまり風呂《ふろ》に入れる浴用油を買って来る。ドイツの風呂は日本と違って流し場がないので、身体《からだ》もバス・タブの中で洗い、その後は湯を流してしまう。このため、自分の好きな浴用剤を入れて楽しむことができる。私の花粉症に意外に効果があったのは、風邪を引いた時のために売られている、ローズマリーやユーカリの油を使った浴用剤である。売られているのは、風邪が流行する冬から春先だけの場合が多い。

目の覚めるような緑色の液体を、湯に入れると、ハーブの匂《にお》いが浴室一杯に広がり、森の中か草原の真ん中にいるような気分だ。瓶を開けて、ユーカリの濃厚な香りをスウッと吸い込むと、鼻や気管が楽になるような気がする。浴用油には泡の出る入浴剤「シャウムバート」と同じ成分も入っているので、泡が水面を覆《おお》い、湯の温度が下がるのも防いでくれる。

このハーブ風呂に入ると、花粉症による鼻や目の不快感がさっとなくなって、気分が爽《さわ》やかになった。こうしたハーブ浴用剤の効能書には、気分を落ち着けて、リラックスさせる効果もあると書かれているが、私は風呂に入ればいつも気分が爽快《そうかい》になるので、はたしてハーブのせいかどうかは、わからない。

皇妃エリザベートも時々訪れたオーストリアの保養地、バート・イッシュルの薬局で買った紫色の浴用油も、様々な薬草が入っていて、なかなかのみつけものであった。

ドイツの薬局や自然食品の店では、抗生物質などに頼らない自然療法の一環として、ハーブや薬草の煎《せん》じ薬もたくさん売られている。風邪や胃痛、不眠など症状に応じて様々な種類があるが、医学がまだ進歩していなかった中世から、ヨーロッパの修道院や家庭で伝えられて来た薬草なのであろう。抗生物質を取りすぎると、身体が必要とする菌まで殺してしまう他、抗生物質に対する耐性を持った菌まで出現してしまう恐れがあるが、薬草ならばそうした副作用をあまり心配する必要はない。

日本では風呂桶《おけ》に家族が交代で入るので、ユーカリの油を入れると、他の人が迷惑する恐れもあるが、家族全員が花粉症に悩んでいる時や、もしくは一人住まいの場合には、ハーブ風呂を試してみてはどうだろうか。

ところで、日本人とドイツ人の間では風呂についての思い入れが全然違う。われわれにとっては、風呂に入ることは単に身体を洗うためだけでなく、熱い湯の中に身体を沈めて、くつろぐことによって、ストレスを解消するという目的がある。温泉に根強い人気があることを考えても、わが国では風呂に入ることが、文化の一部になっているような気がするが、そうした効用を知るドイツ人はめったにいない。

ほとんどのドイツ人は、朝起きてからシャワーを浴びるだけであり、彼らが風呂に入るのは、風邪を引いた時くらいである。日本では医者から「風邪を引いたら絶対に風呂には入らないように」と言われることが多い。湯ざめによって、風邪が悪化する恐れがあるからだろう。ところが、ドイツでは全く逆で、風呂に入って汗をかくことで、風邪が治ると信じている人が少なくない。

またドイツ人は一般的にわれわれ日本人よりも寒さに強いが、逆に日本の温泉のように熱い湯は苦手な人が多いようだ。前述のバート・イッシュルや、ドイツの保養地バーデン・バーデンには鉱泉水を使った立派な公衆浴場があるが、私には湯の温度が低すぎ、身体が十分にあたたまらなかった。こうした公衆浴場で、日本の風呂のよう

に身体がぽかぽかする気分を味わうには、サウナに入るしかない。だがサウナも狭くて窓がない、暗い部屋に、巨大な白人たちと一緒に押し込められるので、日本の露天風呂のような開放感は、あまりない。またドイツのサウナはふつう男女混浴なので、あまりくつろぐことができない人もいるだろう。

私にとっては、狭いけれどもミュンヘンのアパートの風呂に浴用油をたらして、ハーブの香りを楽しみながら、コンピューターのない空間でしばしくつろぐのが、何よりの気分転換となっている。

ミュンヘン市電・十九番線の旅

　ミュンヘンは日本の観光客にドイツで最も人気がある町の一つだが、マリエン広場で市庁舎を見てから、有名なビアホール、ホーフブロイハウスへ行ってビールを飲むというのが、お決まりのコースのようだ。二回目からの観光では、ちょっと変わった所を見たいという人もおられるだろう。また出張でミュンヘンに来ても、忙しくて町をゆっくり見る暇がないが、この町の美しさを凝縮した形で見たいという方もいるかもしれない。そんな方には、観光客であふれている場所は避けて、市電の十九番線に乗ることをおすすめする。

　この町に来て十六年間、いろいろな市電の路線に乗ったが、十九番線の車窓から見るミュンヘンの風景がもっとも美しいと思う。まず中央駅から地下鉄のU四番かU五番に乗って、「マックス・ヴェーバー広場」という駅で降りる。地上に出ると、市電十九番線の停留所があるので、「パーズィング」行き、つまり西へ向かう市電に乗る。

　ミュンヘンの公共交通機関では、どの区間を走るかによって、料金が異なるが、中心部を走るだけならば、一区間分の料金つまり二ユーロ（約二百六十円）ですむ。切符は買うだけではなく、駅などの入り口にある機械に差し込んで、日時を刻印しなければ乗車券として有効にならない。ただしこの料金をいちど払えば、三時間にわたり地下鉄から市電、バスに何回でも乗り換えることができるのは、東京などにはない便利な仕組みである。ミュンヘンの公共交通機関には、パリやロンドンと違って改札はなく、たまに抜き打ちの検札がある程度だ。

さて市電は、まずバイエルン州議会の議事堂であるマキシミリアネウムという、豪壮な建物の周囲を回るようにして、ゴトゴトと坂道を下っていく。この建物は、バイエルンを支配したヴィッテルスバッハ家のマキシミリアン二世が皇太子の時に作成した、ミュンヘンの市街美化計画に基づいて建設が始められ、一八七四年に完成した。戦争中に空襲で破壊されたが、戦後忠実に復元されている。青空を背景に、モザイクで飾られた、黄土色の外壁が、夕日を浴びてオレンジ色に染まる光景には、時々足を止めて見とれてしまう。ところでこの建物が、学生寮だと聞けば、驚く人もいるだろう。実際、マキシミリアネウムには、今もバイエルン州の大学に入学するための資格試験で、最も成績が良かった二十人あまりの学生が、無料で住んでいる。そして、州議会が、学生寮を管理する財団から、建物を借りているのだ。学生たちの討論会に招かれて中に入ったことがあるが、「ぜいたくな学生寮だなあ」と思った。

マキシミリアネウムがあるイザール川の右岸は、公園になっており、ジョギングやサイクリングを楽しむ人をよく見かける。市電がこの付近を通ると、うっそうと茂る木々で陽光がさえぎられるので、車内も一瞬暗くなる。やがてあなたの乗った路面電車は、イザール川の中州をまたいで架けられたマキシミリアン橋を渡る。橋の欄干の途中に立っている重々しい石の彫像が、かつてのバイエルン王国の面影を伝えてくれる。夏にはマロニエの大木の枝が、川面に触れんばかりに垂れ下がり、その緑が目を休ませてくれる。

橋を越えると、市電はマキシミリアン通りに入る。両側には民族学博物館など堂々たる建物が並び、渋い褐色、黄色、オレンジ色の石の壁が、色彩の諧調《かいちょう》の微妙な変化を見せてくれる。周囲に不釣合いな形や色の建物を許さず、町並みの調和に細かい神経が使われていることを感じる。アジア的な混沌《こんとん》の対極にある、ドイツ的な都市設計である。さて路面電車は旧市街を取り巻く環状道路を過ぎると、マキシミリアン通りの終盤にさしかかる。この通りはミュンヘンで最も気取った場所だ。日本の皇室関係者や各国の元首が泊まるホテル・フィーア・ヤーレスツアイテン（四季）や、ボリス・ベッカーが時々現われる喫茶店カフェ・ローマ、バイエルン国立オペラ劇場などが並ぶ。ディオール、ルイ・ヴィトンなどのブティックで店員たちが退屈そうな表情で客を待っている。ある時「四季」ホテルに泊まったアラブの富豪が、斜め向かいのアルマーニの店で洋服を買い占めたという、「伝説」を聞いたことがある。

またこの道にあるシャウシュピールハウス（演劇の館）は、一九〇一年に建てられた、アール・ヌーボーの内装が忘れがたい劇場である。演出や俳優の質でも、ベルリンのシャウビューネ劇場に並ぶドイツの代表的な劇場とみなされている。日本でも上演された現代的な演出のゲーテの「ファウスト」は、特に有名。市電の旅に疲れたら、この劇場の前の「クリッセ（芝居の書き割り）」という名前の喫茶店に入ろう。歩道に並べられたテーブルに陣取り、着飾って町をさっそうと歩く男女や、ベンツやポルシェのスポーツカーを眺めながら、冷えたビールを飲むのも一興である。

19
PASING

ドイツ理髪店談義

ドイツに住んでいる日本人の中には、「この国の理髪店には行く気がしない」という人が多い。たしかにドイツの理髪店は、日本ほどの満足感を与えてくれない。なぜだろうか。まず、かなりドイツ語のできる人でも、自分が望む髪型をドイツ語で説明するのは、難しい。たとえば「あまり分け目をはっきりさせないで、自然な感じで横に流し、あまり刈り上げないで下さい。ただし、もみあげはきちんと切って下さい」などという希望を、外国語で伝えるのは、けっこう大変だ。このため、散髪し終わった後になって、自分の思うような髪型になっていないことに気づいて、がっかりさせられることがよくある。

さらにドイツの理髪店で働いている人には、日本ほど散髪の技術が細やかではない人が多い。大雑把な刈り方をする人が多いうえに、日本のように肩や頭のマッサージまでやってくれるドイツ人の理髪師はいない。ヨーロッパ人の頭髪は、概して柔らかくサラサラしているので、日本人の頭髪は太くて切りにくいと文句を言う理髪師までいる。それなのに、チップまで払わされるのだから、日本人には不満がつのる。

女性の場合にはもっと大変で、「髪の毛が洋服につきますよ」という変な理由をつけて、洋服を脱がされたという日本女性もいる。外国に住む日本人は多かれ少なかれ、理髪店や美容院で苦労しているのだ。


このためミュンヘンのような小さな町ですら、日本人が経営する日本人向けの理髪店がある。日本人が七百人しか住んでいないことを考えると、ちょっと驚きである。

先日も、アウグスブルグ大学に一年間研究のため留学していた日本人のA教授に、ミュンヘンの日本人向け理髪店を紹介したら、電車で一時間かけて散髪に行ったそうだ。わずか一年間の滞在にもかかわらず、日本人に髪をあたらせたいとは、ドイツ人の理髪師によほど懲《こ》りているのであろう。もちろんデュッセルドルフやフランクフルトにも、日本人が経営している理髪店がある。


私は鈍感なせいか、十六年前からミュンヘンのボーゲンハウゼンという地区にあるドイツ人の理髪店に通っているが、満足している。もちろん日本人ほど痒《かゆ》いところに手が届くような仕事ぶりではないが、不愉快な思いはしていない。

むしろドイツ人と浮世についての雑談をできるのが面白い。私の担当の理髪師は、バードウォッチングが趣味で、散髪中にドイツの鳥の生態や渡り鳥が飛ぶ距離などに

ついて、講釈してくれた。また鮨《すし》を食べるのも大好きで、外食は高いので自分で作っ
て食べていると話していた。ただしこの人は残念ながら、切っても切っても髪の毛が
伸びて来て、同じことを繰り返さなければならないことに思い悩んで、ノイローゼに
なり、二度とはさみを握れなくなってしまった。
別の理髪師は、自分の住んでいる市営住宅の上の階で、トルコ人の失業者が深夜ま
で宴会などをしていて安眠できず、自分がいかに悩まされているかを教えてくれた。
静かにしてくれと注意すると「このババア、何を言うか」とトルコ人から逆に罵《のの》しられ
たという。自分たちが税金で養ってやっている外国人失業者からこんな仕打ちをされ
れば、ドイツ人の中に外国人への反感が生まれるのも無理はないと思った。こういう
証言をしてくれる人は、いざ見つけようと思っても、簡単には見つからない。

ドイツ以外の国でも理髪店では色々な経験をした。米国での三ヶ月にわたる出張で
髪が伸びたので、ワシントンにいる時に、泊まっていたホテルに近い下町の理髪店へ
行った。洗髪つきで十五ドル（約千六百五十円）と安かったが、濡《ぬ》れた頭にドライヤ
ーもかけずに、真冬の空の下に放り出されたのには、閉口した。安いといえば、大西
洋に面したポルトガルのさみしい漁村で入った理髪店も、料金は二千円前後だった。
言葉の壁のために浮世談義をすることはできなかったが、髪を切ってもらうことには、

暖かくなってきたから、ちょっと短か目にして下さい。でもあまり刈り上げないで下さいね。
わかりました。
①
これでいいですか?
またドイツ語が通じなかった……
②

成功した。フェラーラの理髪店の主人は、イタリア人らしくお洒落《しやれ》で、格好良かった。古風な理髪店だったためか、米国の理髪店で散髪中の人が、銃撃で蜂《はち》の巣になって殺される、「バラキ」という古いギャング映画の一シーンを思い出した。

ところでドイツの理髪店では、病院と同じく、予約をしなくてはならない。待たされないから時間が無駄にならないのは良いが、別の楽しみが消えた。私は小学生だった頃、京王線・千歳烏山《ちとせからすやま》の駅に近い、線路沿いの理髪店の待合室で、漫画雑誌を読むのが三度の飯よりも好きであった。昭和三十年代後半は「少年マガジン」と「少年サンデー」の黄金時代で、水木しげる、横山光輝《みつてる》、川崎のぼるに魅了された。今私が下手の横好きで多少イラストを描けるのは、理髪店のおかげでもあるのだ。

凍《い》てつく冬の小さな楽しみ

地球温暖化でドイツの冬も以前に比べると短くなったとはいえ、寒さが厳しい時は何週間かある。ドイツ人はどんな格好をして、厳しい冬を乗り切るのだろうか。まず一番大事なのが足回りである。地面に積もった雪や氷からじわじわと上がってくる冷気を防ぐには、ブーツなど底の分厚い靴が欠かせない。私もミュンヘンで最初の冬を迎えるにあたってまず買ったのが、内側に暖かい毛のついた短いブーツである。これを履いていると、雪中でも足が冷えることはまずない。

またバイエルン地方では「ローデン」と呼ばれる粗織りの分厚いウールのコートを着ている人が多い。マントのように長く重いが、少しくらいの雪や雨ならはじき飛ばしてしまう。分厚いので、東京で着たら汗をかいてしまうかもしれない。色は黒か濃紺、濃いグレーのものが多く、襟の裏地が緑色になっているのが特徴。またボタンに鹿《しか》の角を輪切りにしたものが使われているのも、バイエルンらしい。

冬のドイツでは、帽子も必需品である。東京では帽子をかぶった人をあまり見かけないが、ここでは帽子はおしゃれのためでなく、寒さを防ぐ道具となっている。ロシア人のような毛皮の帽子から野球帽、耳カバーのついたキャップから、イタリアの名品ボルサリーノまで、さまざまである。

さて私が住んでいるミュンヘンのアパートから西へ三十分ほど歩くと、ニュンフェンブルグ城という宮殿がある。ノイシュヴァンシュタイン城などを造ったことで知られる、ルードヴィッヒ二世が生まれた宮殿である。この宮殿の正面には、幅が三十メートルの運河が、長さ二キロにわたって流れている。運河の両側には並木が植えられた上、歩道が作られており、散策には絶好の場所だが、冬には別の理由でミュンヘンっ子に人気がある。

一月に入って寒気団がミュンヘンを覆《おお》い、温度計の水銀柱がマイナス十度前後まで下がると、運河に分厚い氷が張り、高級住宅街の真ん中に、スケートリンクが出現するのだ。週末には、家族連れや少年たちのグループがここにやってきて、スケートを楽しんだり、アイスホッケーで汗を流したりする。何百人もの人たちが氷の上で遊んでいるのに割れないのは、氷がよほど厚いのだろう。

ここで「アイス・シュトック・シーセン」と呼ばれる、ドイツで人気のある冬の遊びを初めて見た。まず氷の上につもった雪をどけて、材木を置き、ボウリング場のような細長いレーンを作る。そして、大きな独楽《こま》をさかさまにして、上に取っ手をつけたような、円錐形《えんすいけい》の物体を投げて、氷の上を滑走させる。レーンの端に置いた四角い木片に、この円錐をぶつける競技である。

この円錐は木でできており、かなり重い。冬季スポーツの一種であるカーリングにも似ているが、アイス・シュトック・シーセンでは、氷の表面をほうきで掃くことは認められない。運河の近くには露店が立ち、円錐や的になる木片を人々に貸し出している。

氷の上は、さすがに冷凍庫のように寒いので、人々は持参した魔法瓶から熱い紅茶や、赤ワインに香料を入れて暖めたグリューヴァインという酒を飲んで、身体《からだ》が冷えるのを防いでいる。午後四時すぎになり冬の太陽が傾きかけると、ニュンフェンブルグ城の堂々たる建物を借景として、オレンジ色の陽光が氷の表面に反射し、乱舞する。これほどぜいたくな舞台を持ったスケート場は、ドイツにもあまりない。

運河沿いの歩道から氷の上の人々を眺めていたら、ブリューゲルがフランドル地方で描いた、人々がスケート遊びをしている情景を思い出した。ニュンフェンブルグ城の裏には、広々とした庭園があり、いくつも池があるが、その内の一つでは、スケート愛好者の人々が、カセットテープレコーダーとスピーカーを持ってきて、優雅なクラシック音楽に合わせてフィギュア・スケートを楽しんでいる。

凍りついた池の周りは深い森と、バイエルン王家が建てた古い東屋《あずまや》。古風な風景と、クラシック音楽がよくマッチしており、思わずスケーターたちに見とれてしまった。なにもオーストリアやスイスのスキー場まで行かなくても、住宅街の真ん中で冬の遊びを楽しめるのがおもしろい。

アジア食品に人気集中

ドイツで最も多い外国人は、トルコ人や旧ユーゴの人々だが、最近はアジア人の姿も目立つようになってきた。その中心は、華僑《かきょう》たちである。ここ数年のアジア料理ブームに乗って、全国の主な都市では、アジア食品の店が、雨後のタケノコのごとくに出現している。ミュンヘンには日本の食品を専門に扱う店が、三軒あるが、次々に増えるアジア食品店の数には完全に圧倒されている。

十年前にはアジア食品店というと、狭い店に商品がごちゃごちゃと並べてある店が多かったが、近頃では、スーパーマーケット並みの規模を持つ店も増えてきた。たとえばヒルトン・ミュンヘン・シティー・ホテルの向かいにあるアジア食品専門のスーパーマーケットへ行ってみよう。ここは電車の駅につながった商店街の中にあるので、アジア人だけでなくドイツ人の客も多い。

広い店内には、チンゲンサイや花ニラのような、中華料理に欠かせない野菜、冷凍の春巻きやシュウマイ、台湾か香港《ホンコン》の強壮剤、唐辛子のきいたせんべい、何十種類ものインスタントラーメン、乾麵《かんめん》、さらに緑色の雨蛙《あまがえる》のような色で、さわるとブヨブヨする奇妙な菓子などが整然と並んでいる。さらに香港の新聞や歌謡曲のカセットテープ、中国風の食器まで売られている。

米も日本の短粒米に似た、カリフォルニア産やイタリア産のものから、インドネシアの茶色で細長いコメまで、十キロ入りの大きな袋に詰められて、ずらりと並んでいる。特に安くておいしいのが、イタリアのポー川流域で作られている、「しので」である。売る側は「日の出」と名づけたかったようだが、日本語の知識が浅かったために、なまって「しので」という名前になったものとみられる。値段は、カリフォルニア米の三分の一くらいである。

こうしたアジア系スーパーマーケットの特徴は、一つの国にこだわらず、アジア的なものならば、インドから香港、タイまであらゆる国の商品を置いていることだろう。日本の緑茶や、醬油《しょうゆ》、わさび、調味料も並んでいる。豆腐も、以前はオランダ製の、床に落としても割れないような、まるでチーズのような代物《しろもの》を、「トウフ」と称して売っていたが、最近では日本の豆腐独特の、にがりの香りこそしないものの、「絹ごし」の舌触りをもった、実物に近い商品も現れつつある。また専門店だけでなく、デパートの地下の食料品売り場でも、日本の天ぷら粉や醬油が売られるようになってきた所を見ると、アジア食品への人気はかなり広がっているようだ。

ドイツでは狂牛病などの影響で、肉を食べない人が以前よりも増えている。そして、「アジア食品は健康に良い」という一種の信仰のようなものが、ドイツ人たちをこの種の店に走らせているのである。鮨《すし》の爆発的な人気は、その一例にすぎない。

ただしアジアに一度も行ったことがない人が多いだけに、我々アジア人の目から見ると奇妙な現象も多い。たとえば、私の知っているドイツ人は、生の魚を食べられないので、肉を入れて鮨を作るそうだ。これを果たして鮨と呼べるのかどうか、もはやわからないが。

またある時パン屋の前を通りかかると、「コブチャ入りのパンを新発売しました」というポスターをみた。昆布茶《こぶちゃ》をパンに混ぜるというのは、なんとも面妖《めんよう》である。トルコ料理店に行った時にも、メニューの飲み物の欄に「KOBUCHA」と書いてあるので、「ドイツではアジア・ブームの影響で昆布茶まではやりだしたのかなあ」と思っていた。

さらにあるパーティーでドイツ人が「ぼくのお母さんは家でコブチャを作っている」と言うので、「家でどうやってコブチャを作るの？」と聞いたら、「ほらあのキノコみたいなものを栽培して……」と言う。つまりドイツ人が言うコブチャというのは、

中華商場
ラーメン
REIS
REIS
米
SHINODE

一昔前に日本でも流行した「紅茶キノコ」のことなのである。彼はコブチャが本来は昆布茶であり、日本の飲み物だということさえ知らなかった。

またミュンヘンの八百屋さんで「HOKKAIDO」という名で売られているのは、一見日本風のカボチャだが、味は似ても似つかない。繊維が多く、日本のカボチャの甘さ、柔らかさがない。「SHIITAKE」というキノコも売られているが、これまた食べてみると椎茸《しいたけ》の味はしない。唯一《ゆいいつ》似ているのは、値段が高いことくらいか。

不況や国際テロの影響で、世界の国々が内向きになっている今日、せめて食文化について、国境を越えた交流が行われるのは、悪いことではない。たとえ、それが少しピンボケであっても。

ドイツ・列車の旅

これまでベルリンへの旅行というと、車で行くか、飛行機に乗って空港でレンタカーを借りることが多かった。車だと行動範囲が広がる利点があるが、私はドイツ人ほどスピードを出さないので、ミュンヘン・ベルリン間の六百キロを車で走ると、休憩時間を入れて七時間はかかり、やはりくたびれる。ベルリンでは九〇年代の終わり頃から、路上駐車の料金がぐんと引き上げられており、中心部に車を停めると、羽根が生えたように小銭が消えていく。また、欧州では二十一世紀に入ってから飛行機の遅れやキャンセルが日常茶飯事になり、定刻に着く方がむしろ珍しく感じられるほどになった。

そこである時、列車を使ってみることにした。ベルリンで正午に約束があるので、午前四時五十分にミュンヘンを発《た》つ、ドイツ版新幹線インターシティー・エクスプレス（ＩＣＥ）に飛び乗る。町はまだ深い眠りの中にあり、車窓の外は、漆黒の闇《やみ》である。

日本と同じく、ドイツでも列車は飛行機に比べて割高な感じがする。二〇〇四年の時点では、ミュンヘンとベルリンの間をこの新幹線の二等車で往復すると、百六十七ユーロ（約二万千七百円）かかるが、事前に二百ユーロ（約二万六千円）払ってバーンカードという割引カードを買っておくと、料金は半額の八十四ユーロで済む。ただしこのカードの有効期限は一年間なので、かなり頻繁に乗らないと、割が合わない。

それでも、列車の旅は楽しい。運が良ければ六人用の個室席（コンパートメント）を一人で占領できるので、飛行機のように小さな座席で狭苦しい思いをすることはない。ちょっと奮発して一等車に乗れば、さらに乗客の数は少ないし、検札に来た車掌にコーヒーを注文することもできる。

あまり日本にはない個室席に座ると、ヨーロッパに来たなあという感じがする。他の乗客と、気が合えばおしゃべりに興じることができるのも、コンパートメントならではの楽しさだ。

ＩＣＥにはコンパートメントだけではなく、日本の新幹線のようにたくさんの座席を持つ列車もあるが、ここには打ち合わせをするためのテーブルや、コートをまとめて掛けられるクローク・コーナーも備えられている。この洋服掛けの壁には、身だしなみを点検するための、鏡がついているのが、ちょっとヨーロッパらしい。百年以上前に建てられた、ロシアのサンクトペテルブルグの豪壮な駅の待合室にも、大きな鏡がかかっていたのをふと思い出した。まだ庶民は列車で旅行することができず、上流階級だけが鉄道を利用することができた時代の名残である。

私がドイツの鉄道で気に入っているのは、長距離列車の座席に必ず置かれている「ツーク・ベグライター（鉄道の旅の友）」というしおりである。このパンフレットには、停まる駅ごとに、乗り継ぎの列車の出発時刻や、出発ホームの番号までが、いかにもドイツ的な几帳面《きちようめん》さで記されている。乗り換えの時間がどれだけあるかが、一目でわかるので、とても便利である。列車ごとに違う内容のパンフレットを発行し、ダイヤの改正などに応じて直していくのは大変な手間だと思うが、乗客に好評なのか、鉄道が民営化された後も列車の中に置かれている。鉄道マニアの間には、このしおりを収集している人も多いようで、二十年以上前のツーク・ベグライターが一部二千円くらいの値段で取引されている。

かつてブンデス・バーンと呼ばれたドイツの国有鉄道は、出発・到着時間が正確無比なことで知られていた。だが民営化された後、鉄道会社は線路や陸橋などのインフラを積極的に整備しているため、工事の箇所が増え、以前に比べて遅れが目立つようになってきた。二〇〇四年十月からは、到着時間が一時間遅れた場合には、料金の二十%を払い戻しすることが決められたほどである。

それでも飛行機に比べれば、列車ははるかに信頼できる。私の乗ったICEも、ミュンヘンを出てから予定通り六時間半で、ベルリンの駅に滑り込んだ。学生の頃、ドイツのマンハイムからパリ、そしてヘルシンキまで夜汽車とフェリーで旅行したことがあるが、この旅の記憶は、二十年以上経《た》った今も、骨の髄までしみこんでおり、スピードだけが優先される、飛行機の旅行にはない情感があった。「旅情」という、ほとんど死語に近くなってしまった、古風な言葉があるが、飛行機や自動車による旅には、あまりそぐわない。かろうじてこの言葉が似合うのは、やはり鉄道の旅だろう。鉄路の響きは、欧州を満喫する旅の伴奏として、もっとも似合っているような気がする。

カーニバルの恐怖

ドイツ人は、日本人や南ヨーロッパの人たちと違って、宴《うたげ》の場でも、羽目を外して騒ぐことができない民族である。たとえばギリシャ人のパーティーでは、すぐに歌と踊りが始まるが、ドイツ人のパーティーでは、ほとんどの人は、自分の席におとなしく座っているだけで、あまり騒ごうとしない。そうしたドイツ人たちが羽目を外す、まれな機会の一つが、カーニバルだ。

カーニバルの起源は、キリスト教が普及する前の時代にまでさかのぼる。ゲルマン人たちが春の到来を祝った祭である。彼らは奇怪な面をかぶり、嬌声《きょうせい》を上げることによって、悪天候をもたらす冬の悪魔を追い払おうとしたのである。天候が収穫を大きく左右した当時、古代人たちにとって季節の変わり目は、今日の我々が想像する以上に、大きな意味を持っていたのである。

キリスト教が普及し始めると、カーニバルの意味も変化する。カーニバルは日本語で謝肉祭と訳されるが、本来は、復活祭が始まるまで一時的に肉を食べない一種の断《だん》食《じき》期間に入る前の、無礼講の祭である。

カーニバルは毎年時期が異なる移動祭日で、二月中旬になったり、三月上旬になったりするが、木曜日の「アルトバイバー・ファストナハト（老婆《ろうば》の夜）」から、次の週の「アッシャー・ミットヴォッホ（灰の水曜日）」の前日まで一週間続く。

中でもケルンのカーニバルは、かなりの盛り上がりを見せる。特に「ばらの月曜日」と火曜日の「ファストナハト」には、何万人もの市民が、ピエロのような衣装で、町中を練り歩き、道路を埋め尽くして踊り狂う。この二日は正式な休日ではないのだが、多くの会社が自主的に従業員に休みを与える。ケルン以外では、デュッセルドルフ、ボン、マインツ、アーヘンなどのカーニバルが盛大である。

言論が弾圧された時代には、市民にとってカーニバルは、ばか騒ぎの形を借りて、権力者への批判を表に出すことができる、唯一《ゆいいつ》のチャンスでもあった。特にケルン、ボンなどライン川左岸の都市で、カーニバルが盛んに祝われることは、フランスに占領された時期があったことと無縁ではない。

だがカーニバルは、男性にとって危険な時期でもある。外国人のBさんは、そのことを、身をもって体験した。

カーニバルの始まった「老婆の夜」の木曜日、会社でBさんは、ネクタイをはずした同僚が多いことに気がついた。だが彼は「最近はやりのカジュアル・デーのせいかな」と思い、あまり深く考えなかった。Bさんがいつも通り社員食堂に行き、ネクタイに背広という姿で食事をとっていると、突然はさみを持った女性社員三人がBさんに詰め寄り、ネクタイを切ろうとした。驚いたBさんは、ネクタイを必死でかばう。

女性たちは「カーニバルの最初の木曜日には、ネクタイを切ってもよいことを知らなかったの？」とゆずらないが、Bさんも気に入っているイタリア製のネクタイを切られてはたまらない。押し問答の結果、女性たちは「しかたがないわ。でもネクタイを切らせない男は、私たちに何かをおごらなくてはなりません。あとでメールを送るから、シャンペンでもおごって下さいね」と言って、Bさんを解放した。

実際、女性たちはBさんに「×月×日に私たちの部屋にシャンペンを持ってくること」というメールを送りつけて来た。実際、Bさんはネクタイをすっぱり切られた同僚を廊下で見かけて、ちょっと恐怖感にかられたが、金を払うのもばかばかしいので、シャンペンを買わなかった。

Bさんは、ふだんあまり冗談も言わないドイツ人が、カーニバルの期間になると、いきなり真剣にふざけ出すのを、奇異に感じた。また「ネクタイを切らせない男は何かをおごること」という規則を作る点や、いたずらが攻撃的である点はドイツらしい。

「老婆の夜」には、女性たちが市庁舎を占拠して市長を人質に取り、市長は酒をふるまうことによって、解放されるという行事もあったらしい。

一説によると、かつてネクタイは兵士の象徴であったため、このネクタイ切りには、カーニバル特有の「権威への反抗が許される、非日常の世界」が象徴されている。ネクタイを切られた男性が、損害賠償を求めて裁判を起こそうとしたこともあったが、裁判所は「老婆の夜にネクタイ切りの習慣があることは、誰でも知っているはずだ」として、訴えを認めなかったという。

これをお読みの殿方も、ドイツで勤務されることになった場合、「老婆の夜」には、ノー・ネクタイで過ごすか、安物のネクタイを着けることをお勧めします。

ビール祭と民族衣装

ミュンヘンの人口は、毎年九月末になると急激にふくれあがる。世界最大のビール祭、オクトーバーフェストが、開かれるからだ。全世界から観光客が大挙して訪れるため、主なホテルは一年前から予約しないと、泊まることができない。のべ六百万人が訪れるこのビール祭について、ミュンヘンに住む人の評価は、「大好き」という人と「大嫌い」という人のどちらかにはっきり分かれる。大嫌いな人は「野蛮で、町が汚れ、うるさく、酔っぱらいがあふれる」と決めつけるが、そういう人はビールや人ごみが嫌いな、どちらかというと少数派である。

ほとんどのミュンヘンっ子たちは、このお祭騒ぎを、心から愛している。祭が開かれる十六日間に、週末だけでなく会社帰りなどに、何度も行く人が多い。ミュンヘンの企業の中には、毎年従業員のために席を予約して、夕方から全員で繰り出す所も少なくない。会場へ向かう地下鉄は、午後三時には朝の中央線のように満員だ。

二〇〇三年のオクトーバーフェストでは、六百十万リットルのビールが飲み干され、九十一頭の雄牛がたいらげられた。開放的なライン地方の人々に比べて、保守的なバイエルン人は一段と気難しく閉鎖的と言われるが、オクトーバーフェストは、彼らが羽目をはずす数少ない瞬間である。その雰囲気を感じるには、ミュンヘンっ子に人気のある醸造元「アウグスティーナー」の巨大なテントに入り、二階席から会場全体を見下ろしてみればよい。数千人の客が、耳をつんざくような音楽が響き渡る中、ベンチの上に総立ちになり、酔っ払って踊っている。人間の身体《からだ》から出る熱気と汗、タバコや葉巻の紫煙、鶏《とり》を焼く煙で、テントのはるか彼方《かなた》は、ぼうっと霞《かす》んで見える。このスケールの大きさと熱狂ぶりには、ゲルマン人の原初的なパワーすら感じられる。庶民のエネルギーが、二十世紀前半のように戦争や侵略にではなく、こうした享楽《きょうらく》に向けられているのは、世界にとって良いことである。

さて、オクトーバーフェストの会場は、バイエルンの民族衣装を着た人々であふれる。女性の民族衣装は、ディルンドルと呼ばれる、胸の所が大きく開き、ウエストを細く絞ったドレス。男性はレーダーホーゼと呼ばれる、刺繡《ししゅう》を施した革の半ズボンに、ハイソックス、洗いざらしの昔風のシャツ。靴も結び目が足の甲の真ん中ではなく、外側にずれている古風な靴である。この半ズボンをはくと、年配の人でも牧童のように、若々しく見えるから不思議だ。

つまりミュンヘン全体が、ビール祭の期間中だけは、「アルプスの少女ハイジ」に出てくるような格好の人々で、埋め尽くされるのである。日本で言えば、夏祭りに行くのに法被《はっぴ》を着ていくようなもので、民族衣装がビール祭の「正装」なのである。実際、ふつうのシャツにジーンズの人は浮いて見える。会社から直接ビール祭の会場に行く人は、昼間は民族衣装でコンピューターに向かっている。いかにもミュンヘンらしい光景である。人々はオクトーバーフェストが開かれる会場のことを「Wies'n」つまり草原と呼ぶが、こんな所にもミュンヘンが都会でありながら、田舎っぽい側面を持っていることが現われている。

さて私は一九九〇年にミュンヘンに来て以来、ほぼ毎年この祭に行っているが、二〇〇三年頃から、民族衣装を着た若い男女が、前よりも目立つようになってきた。若い人の間で、ディルンドルとレーダーホーゼでばっちり決めて、ビール祭に行くのが、流行しているのである。ディルンドルの中には、肩を露出させてセクシーな雰囲気を持ったタイプも現われた。こうした「伝統回帰」の傾向を感じたのは私だけではないようで、ドイツの新聞もビール祭で民族衣装を着た若者が例年よりも多かったことを報じていた。

統一前の西ドイツでは、民族的な物、伝統的な物を軽視する若者が多かった。なぜ若い人々が、今になって民族衣装の魅力を再発見しているのだろうか。日本と同じく、統一後のドイツでは、将来に対する不透明感が強まっている。十%を超える失業率、社会保障の大幅な削減、景気後退やアル・カイダによるテロの不安で、先行きが見えない時代に、人々はささやかな安心感を得るために、民族の伝統や保守主義に回帰しようとするのかもしれない。ビール祭と同じ時期に行われた二〇〇三年のバイエルン州議会選挙で、同州の与党CSU（キリスト教社会同盟）が約六十%という戦後二番目に高い得票率で圧勝したことと、民族衣装の流行には、なにか共通するものが感じられる。

バイエルンのレトロな居酒屋

ミュンヘンの人口は、東京都のおよそ十分の一。若い人にとっては、静かすぎて退屈にすら感じられるかもしれない。だがいくら都会っ子でも、ある程度年をとると、渋谷のセンター街や秋葉原の電気街の騒音が、神経にさわる時がやってくる。私にとってミュンヘンは、都会と田舎がちょうど良い塩梅《あんばい》に、ブレンドされた町である。

ミュンヘンの人口は百万人を超えていて、適度に都会のドライさ、匿名性《とくめいせい》があり、住民の誰もが誰をも知っている、ムラ社会のきゅうくつさはない。有名な美術館、オペラ劇場、歴史的な建築物がある。日本には及ばないが、まああの大きさの本屋もある。吹き替えでなく、原語で映画を観《み》られる映画館がある（ドイツでは、映画館で公開される映画の九割は、ドイツ語に吹き替えられている）ほか、全国でそこそこ名を知られたレストランもある。また長距離便が発着する国際空港も、電車で四十分の所にあり、東京をはじめ、各国の主要都市にノンストップで行くことができる。

同時に、ミュンヘンはまだ大都会の弊害を持つに至っていない、地方都市である。

東京やロンドンとは違って、それほど裕福ではなくても、広さが百平方メートルのアパートを借りることができる。朝のラッシュ時にも、地下鉄の中で新聞を広げて読むことができ、通勤に一時間もかからない。特に都会人にとってありがたいのは、車や電車に乗ればあっという間に、豊かな自然が息づく、ひなびた山村に行くことができる点だ。

たとえば、ミュンヘンからアルプス地方へ続く高速道路A九十五号線を、南へ一時間走ってみよう。ペンツベルグという出口で降りて、二キロほど東へ走ると、シェーンミュールという村に着く。ミュンヘンっ子ですら、知る人は少ない場所だ。

はるか彼方にアルプスの白い峰を望む小川のほとりに、古めかしい農家のような建物を見つけたので、中へ入ってみると、そこはバイエルン風の伝統的な居酒屋である。村と同じシェーンミュールという名前のこの居酒屋は、天井、床、ベンチもすべて古めかしい木製で、素朴な造りである。カトリック教徒が多いバイエルン地方らしく、壁には、十字架にはりつけにされたキリスト様の像が掛かっており、我々をにらんでいる。

天井からぶら下がっているランプも、骨董《こっとう》屋で見られるような年代物である。部屋の隅には、かつてドイツの民家でよく使われた、武骨な石造りのストーブ（カッヘル・オーフェン)。せいぜい三十人程度しか座れないが、農家の居間のような雰囲気で、現代風のバーにはない、家庭的な暖かさを感じさせてくれる。

古文書にシェーンミュール村の名前が最初に現れるのは、一四八〇年で、ある修道院の領地だったこの場所には、川に沿って、穀物を挽《ひ》くための水車小屋や製材所があったと言われる。シェーンミュールとはドイツ語で、「美しい水車」という意味だ。十八世紀からはこの場所に、旅人に食事や酒を供する旅籠《はたご》があったが、これが現在の居酒屋の前身である。

今の建物も、建てられてから百年以上経過しており、歴史的保存建築物に指定されている。実際、低い天井や柱は煤《すす》や油煙で真っ黒になっており、時代を感じさせる。夏には、庭にテーブルが出されるので、小鳥の声を聞きながら、食事を楽しむことができる。

ドイツの放送局ZDFは、バイエルン出身の作家オスカー・マリア・グラーフの小説を元にしたテレビドラマを制作した際に、この居酒屋を使って一場面を撮影した。今ではなかなか見られなくなった、レトロな酒亭の雰囲気が、残っているからであろう。私はいかにもバイエルンという感じの、古めかしい居酒屋が好きだ。私が行った晩には、オーストリアや南ドイツの伝統的な弦楽器である、ツィターの生演奏があり、

INRI

田舎の旅籠という雰囲気をさらに盛り上げてくれた。

　料理は素朴な地元の食事であり、洗練されたメニューを望む人向きではない。それでもバイエルン風の塩辛いサラミと生ハム、子豚の丸焼きと生ビールを味わえば、十九世紀の旅人に生まれ変わったような気分になるかもしれない。デザートのアップフェル・シュトゥルーデル（林檎《りんご》のパイ）は、居酒屋での手づくりである。私がここに連れて行ったバイエルンの市民たちも、外国人の私に意外な穴場を教えられて、喜んでいたようである。

　ミュンヘン周辺の深い森の中や、湖のほとりには、通しか知らないこの種の「隠れ里」がたくさんあり、週末ごとに一ヶ所ずつ探訪しても、すべてを味わい尽くすことはできない。これも、都会と田舎が同居しているミュンヘンの魅力の一つである。

花火なしには明けない新年

日本では花火というと夏の風物詩の一つだが、ドイツでは全く逆で、真冬それも元日に最も派手に打ち上げられる。クリスマスの祭日は十二月二十六日で終わるが、十二月二十七日から、デパートやスーパーマーケットでは、クリスマス用品が片付けられた後、臨時の花火売り場がもうけられて、色とりどりの花火や、爆竹が大量に売られる。

花火といっても、手に持って楽しむものではなく、長い棒の先に、短くて太い火薬の容器がついている、ロケットのような打ち上げ式のものがほとんどである。大晦日《おおみそか》には、大のおとなが、このようなロケット花火を何十本もお腹《なか》の前に抱きかかえるようにして、いそいそと自宅へ向かうのが見られる。ドイツでは、轟音《ごうおん》とともに舞い上がって爆発する、この花火がないと新年が明けないのである。ヨーロッパの他の国でも、ドイツ人ほど新年の花火に執着する国民はない。

さて、十二月三十一日の夜を、独りで過ごす人はあまりいない。家族や友人の家でパーティーをしたり、少なくとも一緒に夕食を食べたりする人が多い。行くあてがない独身貴族たちは、ディスコや劇場で催される「大晦日パーティー」に繰り出す（三千円近い入場料を取られるほか、飲み物もふだんより割高である）。

さて午後十一時四十五分になると、テレビには、早くも時計の文字盤が映し出され、年明けの瞬間が近いことを伝える。すでにほろ酔い気分の人々は、マフラーや手袋、分厚いコートに身を固めて、肌を刺すような寒気の中、花火を持ってぞろぞろと外に出てくる。

時計の針が午前零時を指すと、一斉に打ち上げ花火が「ヒュウッ」という絹を引き裂くような音を立てて、ミュンヘンの夜空に舞い上がる。地上では、爆竹が機関銃の連射や、手りゅう弾の爆発音のような音を立てる。人々は、路上でシャンペンの栓を抜いて、乾杯する。あちこちの歩道や広場で花火が打ち上げられるため、町全体に火薬の匂《にお》いがたちこめる。もちろん、市民が打ち上げる花火なので、日本で見られる、大輪の花を思わせるような、花火ではない。それでも三十分間にわたり花火が、夜空を赤や緑に染めるのは、みごとである。学生の頃にドイツで初めて新年の花火の音を聞いた時には、けたたましさに、ちょっと驚いた。

ミュンヘン市の北の公園に、オリンピア・ベルグという丘がある。これは第二次世界大戦末期に、ミュンヘンの市街が連合軍の空爆で破壊された後、人々が片付けた瓦《が》礫《れき》を積み上げて作られた、人口の丘である。もしもミュンヘンで新年を迎えることがあったら、この丘に登ると良い。町全体で無数の花火が打ち上げられる様子を、パノラマのように見ることができる。

首都ベルリンでは、毎年ブランデンブルグ門の前に百万人近い市民が集まって新年を祝うが、ここでも二千発近い花火が打ち上げられる。ドイツの経済状態は、ここ数年思わしくなく、成長率は年々鈍化しているのだが、花火業界の関係者によると、二〇〇一年の大晦日には、花火の売上高は一億ユーロ（約百三十億円）に達した。売上高が下がる様子も見られない。ふだんは倹約家のドイツ人たちが、不況にもかかわらず、一瞬の内に灰となってしまう花火への支出を惜しまないというのは、ちょっと不思議である。

また花火の事故も毎年発生し、二〇〇一年にはベルリンで六十五人がけがをして病院に運ばれている。瓶などに立てて打ち上げるべき花火を、手に持っていたところ、花火が爆発して、指を失ったという事故や、水平に飛んできたロケット花火が目に当たって失明したり、ジャンパーに突き刺さって穴があいたりしたという物騒な話も聞いたことがある。ある大晦日には、信号拳銃《けんじゆう》と見られるピストルを、狂ったように宙に向けて撃っているドイツ人も見たことがある。元日の朝、ミュンヘンの大通りレオポルド・シュトラーセやオデオン広場は、割れたガラス瓶と花火のゴミで埋め尽くされる。そんなわけで、最近ではあまり外に行かないで、友人を招待して食事をした後、ベランダから花火を見るという大晦日が多い。

第二次世界大戦の記録をよく読んでいる私だけの突飛な連想かも知れないが、新年に夜空を明るく染める閃光《せんこう》を目にし、町に響き渡る炸裂音《さくれつおん》を耳にすると、かつてヨーロッパで吹き荒れた戦争の嵐《あらし》を思い出す。紅白歌合戦、除夜の鐘、「ゆく年くる年」、年越しそばとともに、はんなりと明ける日本の新年とは違って、鼻をつく硝煙の匂いと爆発音で迎える新年は、欧州大陸の厳しさ、荒々しさを反映していて、なんとなく身を引き締めさせる。

冬の闇《やみ》とクリスマスの市

ミュンヘンに、十二月に訪れる寒波は、はんぱではない。島国ニッポンの東京や大阪では味わうことができない、大陸性気候特有の厳しい寒さで、零下十度くらいまで気温が下がることは、珍しくない。ここはアルプス山脈が目と鼻の先なので、その寒さは、ライン川沿いで比較的暖かいデュッセルドルフやケルンなどとは比べ物にならない。町を歩いていると、顔の肌をちくちく刺すような寒気に包まれる。私の住んでいるアパートは百年前にできた建物をリフォームした物だが、引っ越した当初は窓の建付けが悪かったため、最初の冬には、ベランダに通じる台所のドアの内側に、水蒸気が凍り付いて、つららができていた。

また緯度が高いために、一日のうち明るい時間も短い。朝は八時頃まで暗く、夕方は三時頃になると夕闇がひたひたと忍び寄ってくる。出勤する時も、会社から出る時も、真夜中と同じ暗闇の中ということは珍しくない。雪が降れば、道路の渋滞がいつもよりもひどくなり、バスや市電がなかなか来ない。クリスマスのプレゼントもそろそろ買わなくてはならない。あれっ、クリスマスカードも書かなくては……。

それでもこの時期は、一年の内でドイツ人の心を最も和ませるひとときだ。日本とは違ってこの国では、クリスマスのお祭が、ほぼ一ヶ月続く。十二月に入ると、クリスマスツリーが家庭や会社、街中に立てられ、ラジオから流れる音楽も、クリスマスやキリスト生誕にちなんだ物が多くなる。

特にドイツの十二月に欠かせないのが、クリスマス用品を売る市場で、南部では「クリスト・キントル・マルクト（赤子キリストの市）」と呼ばれる。ミュンヘンでは、十一月の最後の週もしくは十二月の第一週になると、市内のあちこちの広場に、木製の小屋が建てられ、クリスマスツリーの枝につるす飾りや陶器、玩具《がんぐ》、手工芸品、マフラーなどの防寒具が売られる。ツリーの飾りには、木などで作った素朴なものが多い。ちょうど縁日のような雰囲気である。

ミュンヘンのクリスマス市で私が一番好きなのは、何といっても町の中心部、マリエン広場に立つ市である。古めかしい市庁舎の建物の前に、高さが三十メートルの樅《もみ》の木を使ったクリスマスツリーが立てられ、枝に付けられた二千五百個の電灯が、冬の闇の中で輝いている眺めは壮観である。市庁舎や周りのビルの窓ガラスに、ツリーの電灯が反射している。この立派なクリスマスツリーを見上げると、「ああ今年も押しつまってきたな」という気分になる。

さてドイツでクリスマスの市を歩くと、甘酸《あまず》っぱいお酒の匂いがただよっていることに気づく。これが、ドイツの冬に欠かせない飲み物、グリューヴァインだ。赤ワインに砂糖とシナモン、丁子《ちょうじ》、レモンの皮などを入れて暖めたもので、露店でグリューヴァインをぐっと飲むと、身体《からだ》がほかほかと温まってきて、錐《きり》でもみこむような寒さも忘れてしまう。この飲み物は、日本のたまご酒のように、風邪にも効き目があるようだ。私はNHKで働いている頃、ベルリンの壁が崩壊した時に、ワシントンから十一月のベルリンに行くように命じられたが、ちょうど風邪を引いていて咳《せき》が止まらず、体調が悪かった。ところがベルリンへ着いて、取材のあと露店で知り合いのドイツ人らと壁崩壊を祝って、グリューヴァインを二杯飲んでぐっすり眠ったら、翌日には咳がぴたりと止まって、風邪が治ったという経験がある。

またあんこ入りの中華饅頭《まんじゆう》によく似た、オーストリアの菓子ダンプヌーデルも、冬に人気がある食べ物だ。白い皮の中にジャムが入っており、あつあつの所にバニラソースをたっぷりかけて食べる。そのほか、デナー・ケバブ（トルコの焼肉）をはさんだパンや、焼きソーセージ、クレープ、焼き栗、焼きりんご、レープクーヘン（チョコレートなどで周りを覆《おお》った円形の菓子）も、クリスマスの市に欠かせない。この市

SCHMUCK
GLÜHWEIN

場には舞台が設けられていることが多く、時々バンドがクリスマスにちなんだ曲を演奏する。南ドイツのクリスマスの市では、アルプス地方で人気のある弦楽器ツィターの生演奏を、よく耳にする。

ドイツ人はクリスマスの市が大好きで、週末には満員の盛況である。仕事が終わった後に、同僚とグリューヴァインを一杯ひっかけて帰るという勤め人もいる。雪の積もったクリスマスの市で、賛美歌の演奏を聞きながら、暖かいワインを飲むと、ドイツの冬の祭を実感できる。もしも十二月のドイツを訪れて、冬の闇で気がめいったら、ぜひクリスマスの市に行ってみて欲しい。

どうなってるの？　ドイツの天気

私は、湿度が低いドイツの夏が好きだ。これまでのドイツでは、五月から九月までが一番過ごしやすい季節だった。ところが、二十一世紀に入ってから、この国の夏の天気はどうもおかしい。二〇〇二年八月には、約三週間にわたって豪雨が降り続き、旧東ドイツと南部では、過去百年で最悪の洪水被害が発生した。

特に被害が激しかったのはザクセン州で、ドレスデンのゼンパー・オペラ劇場やツヴィンガー宮殿が水浸しになった。ドレスデンではエルベ川の水位が、通常の五倍近くに達した。ドイツ統一後、苦労して開いた商店を破壊されたり、財産を失ったりした人も少なくなかった。チェコでも大水害が発生し、首都プラハで地下鉄の駅が水没したり、歴史的な建築物に被害が出たりしている。この洪水のためにヨーロッパ全体で二百三十人が死亡し、百八十五億ドル（約二兆三百五十億円）の被害が出た。

「世紀の洪水」として歴史に残ることになったこの水害の犯人は、「イルゼ」と命名された低気圧で、ドイツで一八九六年に気象観測が始まってから最大の降雨量をもたらした。気象学者の間では、地中海のジェノヴァ湾で発生し、アルプス山脈を越えて、中部ヨーロッパに雨を降らせる低気圧は「五－B型低気圧」と呼ばれている。この低気圧は通常、冬にしか発生しない。ところが、二〇〇二年には五－B型低気圧が真夏に五回も発生するという、珍しい現象が起きた。水温が二十五度と高くなっている地中海から、たっぷり水分を吸い取った低気圧は、ヨーロッパではまれな、一種の雨台風に成長したのである。

その翌年のドイツは、一転して記録的な猛暑に見舞われた。ミュンヘンを初めとして欧州の各都市で、連日気温が三十八度に達した。ドイツ南西部のザール地方では、八月八日に四十・八度という、この国で観測が始まって以来最高の気温を記録した。これまでドイツでは夏でもこれほど気温が上がることはなかったので、会社やホテル、住宅、自動車にはほとんどクーラーが付いていない。このため、暑さで寝不足に陥る人も多かったようで、ミュンヘンでは扇風機が売り切れになる店が続出した。フランスではさらに悲惨で、同国の保健省によると、八月から約三週間続いた猛暑による死者の数は、高齢者を中心に一万四千八百人に達した。

ある年には記録的な大豪雨、次の年には歴史的な猛暑に襲われては、これから一体何がやってくるのか、ちょっと心配になる。

また、冬の天気も微妙に変化している。十年前ほど寒さが厳しくなく、雪が降る日も減ってきた。このため、スキー場では雪が不足し、人工雪を使う所も現われるほどである。二〇〇二年十二月にスキーに行ったドイツ人は、三千メートルを超えるアルプスの氷河まで登らなければ、スキーをするのに十分な雪がなかったと話していた。アルプス山脈の氷河もどんどん溶けており、オーストリア南部のヴェルナーグトフェルナーという氷河を、一九一二年以来、同じ位置から数十年の間隔を置いて撮影した写真を見ると、すでに氷の三分の二が消滅したことがわかる。

またヨーロッパでは、一九九〇年代に入ってから、気候変化が原因と見られる自然災害の数が増えている。たとえば、一九九〇年にドイツを襲った突風「ダリア」、「ヴィプケ」、一九九七年に発生したオーデル川の洪水、一九九九年にフランス、ドイツなどに大被害をもたらした突風「ロター」、「マルティン」は記憶に新しい。ある統計によると、世界中で悪天候が引き起こした自然災害の数は、一九五〇年代には二十件、一九六〇年代には二十七件だった。ところが、その数は一九九〇年代には八十九件と大幅に増えている。突風や洪水などの災害が、一九九〇年代に国民経済に与えた被害も、一九五〇年代に比べて十五倍に増えている。

ドイツの科学者の中には、「悪天候による自然災害の数が増えている最大の原因は、二酸化炭素などの温室ガスが引き起こす、地球温暖化だ」と主張する人もいる。気象学者によると、二十世紀に平均気温は〇・六度上昇したほか、一九九〇年代の北半球の平均気温は、過去千年間で最も高かった。このため、「各国が京都議定書に基づいて、二酸化炭素放出量の削減に真剣に取り組まなければ、気候変化に拍車がかかり、気象災害がさらに増えて、経済に悪影響を与える」という声も強い。

二〇〇二年のドイツの水害は、地球温暖化についての市民の危機感と、環境意識を高めたものと思われる。九月の連邦議会選挙で、環境政党・緑の党が票を伸ばした背景にも、ドイツの異常な天候があったのかもしれない。

AUGUST
10

誕生日が大好き!

私たち日本人は、子どもの頃はケーキだプレゼントだと誕生日をはでに祝うが、大人になるとそれほど誕生日にこだわらない。これに対し、ドイツ人はヨーロッパでも誕生日に最も深くこだわる民族として知られている。この国には、喜寿や米寿のお祝いはないが、四十歳、五十歳、六十歳のように区切りの良い年齢を迎えた時に、誕生日を盛大に祝う習慣がある。

ドイツ南西部のマンハイムに住むGさんが、四十歳になった時に、誕生日パーティーに招いてくれたが、倹約家のドイツ人にしては盛大であった。会場はイラン人が経営するサイケデリックな内装の多国籍レストラン。Gさんは店を丸ごと借り切って、ドイツ全国の親戚《しんせき》と友人八十人に招待状を出し、その内五十人が馳《は》せ参じた。

日本語やロシア語など六ヶ国語を話すGさんは、東京、ニューヨーク、サンクトペテルブルグなどに住んでいたことがあるので、招待客の顔ぶれも、日本人、ロシア人、フランス人など国際色ゆたかだ。

友人たちはかわるがわる、替え歌のコーラスや、自作の詩を披露して、Gさんを祝福する。やがて耳をつんざくような音楽が流れ、ミラーボールが回り始めると、彼女はダンス・フロアの真ん中に立ち、「私の人生はこれから始まるのよ」と言わんばかりに、朝三時まで踊りまくっていた。

また、飛行機マニアのEさんは、四十歳になった時、第二次世界大戦前に作られたプロペラ式の旅客機ユンカースJU－52型機で、三十分の空中散歩を楽しんだ。

貴族の血をひくKさんからは、六十歳の誕生日パーティーに招かれた。ミュンヘン郊外のレストランで晩餐会《ばんさんかい》を二回と、ビール祭オクトーバーフェストで映画スターやスポーツ選手など有名人が集うことで有名な、「ケーファー」のテントで朝食会を開くという、大盤振る舞いである。

私たちは、シュタルンベルグ湖の東岸の、「ガストハウス・ツム・フィッシュマイスター」という、淡水魚を食べさせるレストランへ向かった。国道から森の中の細い道に入り、住宅街を抜けていかなければならないので、一般の行楽客には見つけにくい、隠れ里のような場所だ。バイエルン州出身の高名な作家が一時住んでいたこともある古い建物で、芸術に造詣《ぞうけい》の深いK氏のお気に入りの店である。庭にはすでに客たちが集まり、夕日を映す湖面を眺めながら、食前酒のグラスを傾けている。周囲は深い緑に包まれ、都会の喧騒《けんそう》から完全に切り離されている。

　親類や友人など、およそ五十人の招待客が、貸し切りになったレストランの広間で席につくと、Kさんが二十分間にわたり、自分の生い立ちや経歴についてスピーチを行った。この国のパーティーにしては、形式ばっているのは、貴族の血筋のせいかもしれない。テーブルの上には招待客一人一人の名前が書かれた名札があり、シュタルンベルグ湖の風景画をあしらったメニューが添えられている。さらに、父親が赤子の頃のKさんを抱いている白黒の写真と、小学生時代のKさんが級友たちとともに仮装して写っている写真を印刷したカードも、全員に配られた。ほぼ三ヶ月前から準備を始めていただけあって、ドイツ的な細かさである。

　午前零時すぎにKさんに別れを告げたが、彼はその日の朝には、オクトーバーフェストのブランチ・パーティーでふたたび客を迎える。六十歳とはいえ、精力的な遊び方である。

　ドイツ人はなぜ四十歳を過ぎると、誕生日を盛大に祝い始めるのだろうか。この年齢を過ぎると、子どもの頃に比べて、一年が過ぎるのが異様に速くなる。油断しているると、あっという間に五十歳になってしまいそうだ。体力や容姿も衰え始め、もはや二十代の頃のような馬力は出ない。目も昔ほど見えず、歯医者へ行く回数も増える。

祝 40才

コレステロールや血糖値、抜け毛が気になり始める。

老後のための蓄えや住宅など、若い頃には考えなかったことも気にしなくてはならない。年齢を重ねるにつれて、リストラの標的となる危険が増大し、再就職も難しくなる。考えてみれば、憂鬱《ゆううつ》なことだらけだ。四十歳を過ぎたドイツ人たちは、そうした憂《う》さをほんの束《つか》の間《ま》でも吹き飛ばすために、誕生日をはでに祝うのかもしれない。

語学の鉄人に会った！

日本では外国人が片言の日本語を話すと、「日本語がおじょうずですねえ」などとお世辞を言う人がいるが、ドイツではこんなお世辞を言ってくれる人は、まずいない。この国では、外国人がドイツ語を話すことは、ごく当たり前のことと考えられているからだ。ドイツ人の店員などには、外国人のドイツ語がへたで通じないと、あからさまにいやな顔をする人がいる。

私は十六年前から、毎日英語とドイツ語を使って仕事をしている。日本の高校、大学、語学学校でドイツ語を学んだ後、毎日人々とドイツ語で渡り合っているせいか、さすがに言葉では不自由を感じることは少なくなった。それでも、子供時代をドイツで過ごしたいわゆる帰国子女ではないので、母国語同様に話せるというわけではない。

外国で暮らす場合に、その国の言葉を話すことは、仕事の上でも生活を楽しむ上でも、不可欠の条件だと思う。演劇や新聞、講演、本の内容を理解できなかったら、その国に住んでいることになるだろうか。ＮＨＫのアメリカ特派員の中に、「取材力さえあれば、英語なんて話せなくてもいいんだ」と豪語している人がいたが、私には、アメリカで英語を話せずにどうやって取材するのか、不思議に思えた。意外と知られていないことだが、英語圏を除くと、その国の言葉を話せない新聞社や放送局の特派員は少なくない。英語や日本語ができる現地のリサーチャーを雇って、取材をさせているのである。

さて大学などで高等教育を受けたドイツ人の場合、英語など少なくとも一つは外国語を話せるのは当たり前だ。学校での語学教育では、日本よりも話すことに重点が置かれるし、子どもの頃からこれらの国へ旅行したり、ホームステイをしたりする機会が豊富にあるからだろう。ドイツでも英語の他に、フランス語、スペイン語、イタリア語などを操るビジネスマンは、少なくない。

もっともビジネスで使われている外国語というのは、商売をするために、言葉が通じることに主眼が置かれているため、語彙《ごい》が限られている。発音の悪さや文法の誤りもあまり問題にはされないし、文学的な表現や社会問題、時事問題については、からきし弱いというビジネスマンは多い。したがって、どの話題についても、美しい英語で話すことができるドイツ人は限られている。

ただドイツ人は自負心が強いために、英語の発音が悪くても、どんどん話してしまうので、なんとなく通じているような顔をしている。「間違ったり、発音が悪かったりしたら恥ずかしい」とあまり思わないドイツ人は、単に意思の疎通《そつう》をするだけならば、日本人よりも語学の上達が速いのである。

ところで私は最近スゴイ人に出会って、自分の語学力がいかに限られているかを、ほとほと感じた次第……。その顚末《てんまつ》をご紹介しよう。私の知り合いのドイツ人W君はレバノン人の女性Tさんと結婚している。先日ミュンヘン市内のレストランでW君の誕生パーティーに招かれたので、出席した。そこには、W君のご母堂Aさんも来ておられた。お年の頃は七十歳前後だろうか。

いつもニコニコしてやさしそうなAさんだが、実は驚異的な一面を秘めておられるのである。ふと気がつくと、私たちとはドイツ語で話し、ギリシャ人の友人が来ればギリシャ語で、レバノン人が来ればアラビア語で話しておられる。「いったい何ヶ国語を話せるのですか？」と尋ねたら、「ドイツ語、英語、フランス語、スペイン語、イタリア語、ギリシャ語、アラビア語、スロベニア語……あわせて八ヶ国語です」という答えが返ってきて、びっくりしてしまった。

なぜこんなに多くの言葉を話せるのだろうか？　その訳はAさんの生い立ちにあった。彼女の母親はスロベニア人、父親はギリシャ人だった。二人はエジプトのアレクサンドリアに働きに来ている時に知り合い、恋に落ちて結婚する。両親の共通の言語は、当時北アフリカで広く使われていたイタリア語だった。このため、エジプトで生まれたAさんは家庭で、スロベニア語、ギリシャ語、イタリア語を身につけた。さらに両親は大変ドイツの文化にあこがれていたため、Aさんをアレクサンドリアのドイツ人学校へ行かせる。従って、Aさんはドイツ語にも堪能《たんのう》になった。その後、学校で英語、フランス語、スペイン語を学んだほか、エジプトに三十年間住んだため、アラビア語にも通じている。

「話せる言語の数が増えれば増えるほど、言葉を学ぶのは簡単になります。頭の良さよりは、耳の良さだと思います」と謙遜《けんそん》するAさんだが、やはり語学の才能がなければ、とてもこんなにたくさんの言葉を話せるようにはならないだろう。いやー、欧州には凄《すご》い人がいるものだ。七十歳の語学の鉄人に会って、すっかり敬服してしまった私である。

ENGLISH
GREEK
GERMAN
ARABIC
FRENCH
SLOVENIAN
SPANISH
ITALIAN
恐れ入りました……

ドイツ・コーヒー事情

朝起きたら、まずコーヒーを一杯飲まないと、エンジンがかからないという方は多いのではないだろうか。私もその一人で、コーヒーに目がなかった父親の遺伝子を受け継いだようである。特に炭火焙煎珈琲《ばいせんコーヒー》の店が多い神戸で、夜回り取材に出かける前に、広東《カントン》料理で腹ごしらえをしてから、眠気覚ましにあの芳醇《ほうじゅん》な香りの液体を毎晩飲むという、今考えるとぜいたくな暮らしを五年間続けてからは、コーヒーの美味求真に一段と拍車がかかってしまった。

私が住んでいるドイツは、コーヒーの味については及第点を与えられる国である。米国の薄いコーヒーに悩まされてから、この国へ来たらとても幸福な気分になった。炭火焙煎珈琲に慣れた人には、アメリカンコーヒーは、茶色に染めたお湯であり、コーヒーではない。ドイツ人は、われわれ日本のコーヒー党が満足できるような、こくのあるコーヒーを好み、ホテルの朝食や会議で出てくるコーヒーにも、失望させられることは少ない。ドイツ・コーヒー連合会によると、ドイツのコーヒー豆の輸入量は、二〇〇一年に約五十四万トンで、米国に次いで世界で第二位である。国民一人当たりの、一年間のコーヒー豆の消費量は六・七キロで世界第七位だが、それでも日本の二倍に相当する。ドイツ人は世界でも有数のコーヒー好きなのだ。

ちょっと寄り道になるが、ヨーロッパではコーヒー一つとっても、呼び名が千差万別である。フランスやイタリアで喫茶店に入り、飲み物を注文する時に「カフェ」と言うと、エスプレッソが出てくる。量は少ないけれども、濃厚な香りのエスプレッソは、私にはコーヒーの最高峰であるように思われる。イタリアに車で旅行する時に、高速道路の休憩所にあるバール（立ち飲みの喫茶店）に入って、最初のエスプレッソを飲む時、「またイタリアに戻ってきた」という幸福感が身体《からだ》にしみわたっていく。

コーヒー王国オーストリアでは、喫茶店のメニューに少なくとも三十種類のコーヒーが書かれており、圧倒される。「アインシュペナー（ブラック・コーヒーにホイップクリームをのせて粉砂糖をかけたもので、ガラスのカップに入っている）」、「ブラウナー（ミルク付きのブラック・コーヒー）」、「マリア・テレジア（濃いブラック・コーヒーにオレンジのリキュールを加え、ホイップクリームをのせてチョコレートの粉をかけたもの）」など、ドイツ語がわかる人でも、全ての種類を的確に言い当てることは難しい。

またギリシャやボスニアなど、かつてトルコに占領されていた国でコーヒーを頼むと、エスプレッソのカップに、底に粉がドロドロたまっているような、トルコ風のコーヒーが出てくる（ただしギリシャ人の中にはトルコがきらいな人が多いので、彼らの前では、絶対にトルコ風コーヒーと言ってはいけない。カフェ・グレコつまりギリシャ風コーヒーと言わないと、機嫌をそこねる）。「郷に入らば郷に従え」主義の私は、地元の人が喜ぶように、いつもこのコーヒーを注文するが、なんだか汁粉を飲んでいるような感じで、エスプレッソやドイツのコーヒーに比べるとそれほど美味《おい》しいものではない。地中海沿岸といえば、イスラエルのコーヒーもまずい。このためイスラエルでは、大きなペパーミントの葉っぱをどっさり入れた紅茶「テ・ナナ」をいつも頼むことにしている。

さてコーヒー好きが多いドイツでは、スーパーマーケットなどで売られているコーヒーはとても安い。焙煎コーヒー五百グラムあたりの値段は、二〇〇二年までの四年間で二十四％も下がっている。たとえば、ミュンヘンの高級食料品店、「ダルマイヤー」の真空パックの焙煎コーヒーの値段は、五百グラムでわずか二・九ユーロ（約三百七十七円）である。それほど有名なブランドでなければ、五百グラムが三百円を割るだろう。日本に比べるとはるかに安い。このため、「チボー」や「エドゥショー」

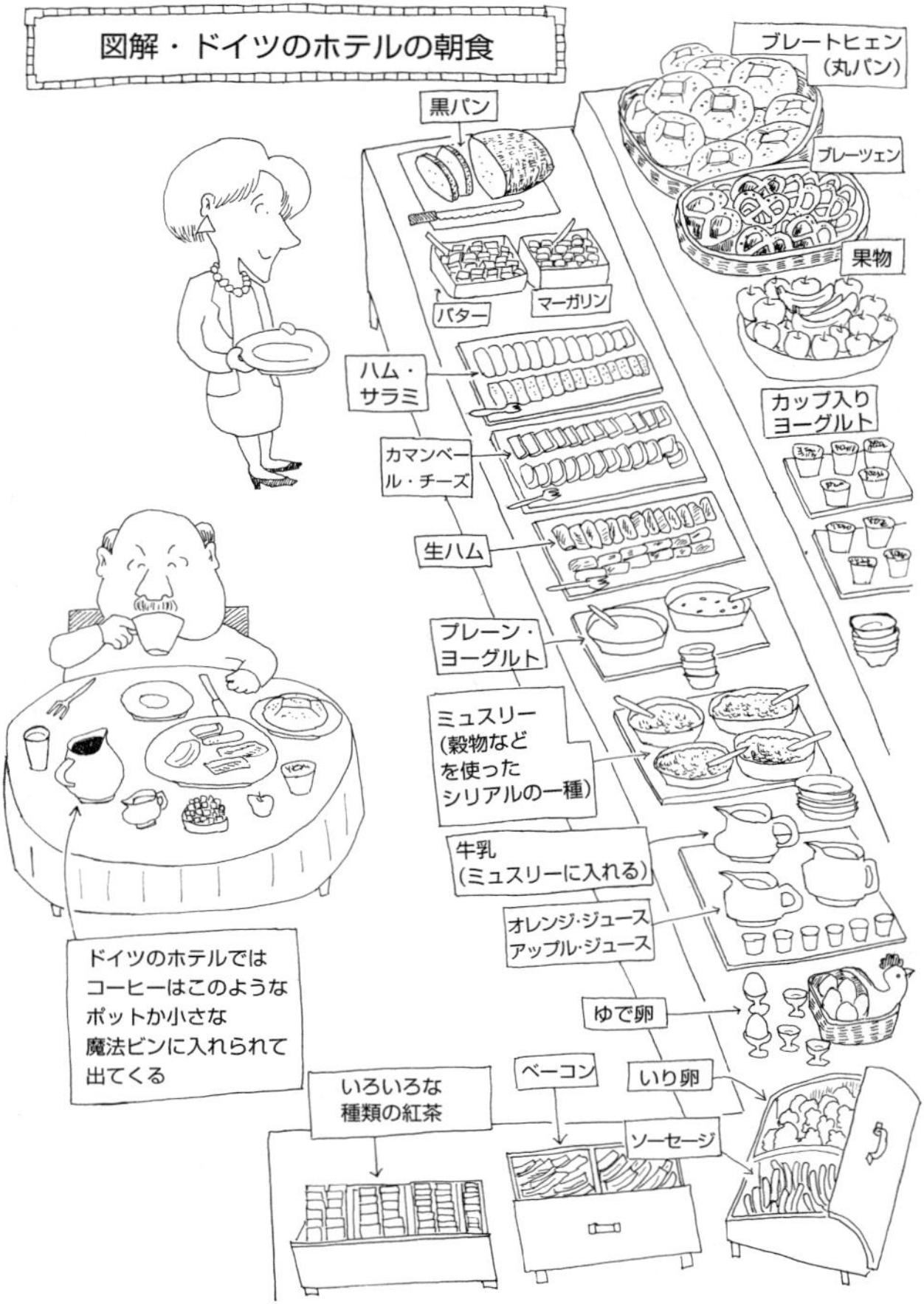
図解・ドイツのホテルの朝食
ブレートヒェン
（丸パン）
黒パン
ブレーツェン
果物
バター
マーガリン
ハム・
サラミ
カップ入り
ヨーグルト
カマンベール・チーズ
生ハム
プレーン・
ヨーグルト
ミュスリー
（穀物など
を使った
シリアルの一種）
牛乳
（ミュスリーに入れる）
オレンジ・ジュース
アップル・ジュース
ゆで卵
ドイツのホテルでは
コーヒーはこのような
ポットか小さな
魔法ビンに入れられて
出てくる
いろいろな
種類の紅茶
ベーコン
いり卵
ソーセージ

など、コーヒー豆を専門に売っていた小売店は、コーヒーだけに特化していては、危ういと考えたのか、数年前から下着から電機製品、ネックレスなどあらゆる商品を売り始め、事業の多角化を図っている。

飲み物の一リットルあたりの価格を比べたある調査によると、ドイツの焙煎コーヒーは一リットルあたり〇・七二ユーロ（約九十四円）で、ミネラルウォーターと牛乳の次に安い飲み物である。この国では、市民が毎日消費する食料品の値段は、低く抑えられているのである。

日本のコーヒーも、もう少し安くなってほしいと思うのは、私だけだろうか。炭火焙煎珈琲は美味しいけれども、あの値段たるや、ドイツから出てきたおのぼりさんの私には、やはり驚異である。

ケンプテン・ローマ人の足跡

バイエルン州南部の農村地帯に、ケンプテンという人口五万人の小さな町がある。駅から少し歩くと草原が広がり、牛が草を食《は》んでいるのが見えるという、のどかな地域である。だが今からおよそ二千年前には、この町は北ヨーロッパで最も重要な、古代ローマ人の拠点の一つだった。

ローマ人たちは、紀元二〇年頃、イラー川を見下ろす小高い丘の上に、ケルト人が持っていた集落を占領して、町を建設したのである。ケンプテン（Kempten）という地名も、カンボドヌム（Cambodunum）という古代の集落の名前から来ている。

この丘の上には現在も、風呂《ふろ》好きのローマ人たちが利用した公衆浴場の跡が残っている。ローマのカラカラ大浴場の跡に比べると、かわいらしいものだが、石積みの壁や排水路、冷水・温水浴場の跡が見られる。イタリアではこの種の遺跡が多すぎて、風雨から保護するための施設で覆《おお》うことができず、貴重なモザイクなどが、雨ざらしになっているのをよく見かける。これに対して、ケンプテンでは浴場の遺跡全体が、ガラスの建物で覆われており、風雨で文化財が傷まないように工夫されている。また解説も詳しい点が、いかにもドイツの博物館らしい。

当時の公衆浴場は、現在のそれとはかなり異なるもので、大きなプールや浴槽を持つものではなく、足を浸すくらいの浴槽があり、そこからの水または湯で身体《からだ》を清めた。さらに運動をしたり、知り合いと雑談をしたりするための、社交の場でもあった。

当時は石鹸《せっけん》がなかったため、バラの花から作った油などを皮膚に塗って、浴場で働く奴隷《どれい》（日本風に言えば三助さん）が平たい金属のコテで皮膚をこすって、垢《あか》を落としたと言われる。その道具が残っているが、こんな物で皮膚を削られるのは、かなり痛そうであり、私はごめんである。また耳搔《か》きも発見されているが、これも太い金属の棒で、あまり気持ちよさそうではない。

気候が温暖な南ヨーロッパからやってきたローマ人たちにとっては、この地域の寒さがこたえたのか、彼らは当時すでに床下から暖かい空気が上がってくる暖房システムを持っていた。浴場の床下は空洞になっており、ここに薪《まき》を燃やして暖めた空気が送り込まれて、ローマの支配階級が冬でも裸でくつろげるような工夫が施されていた。現在ドイツの一部の住宅に取り入れられているフロア暖房が、二千年前に行われていたのである。

浴場の南側にはトイレの跡もある。十六人が一度に座って用を足すことができるが、床には傾斜がつけられており、排泄物《はいせつぶつ》は石に刻まれた水路を流れて、汚水槽に流れ込む仕組みになっていた。一種の水洗トイレである。トイレットペーパーのようなしゃれた物はなかったので、用を足した後には、ブラシを使って身体を清めていたようだ。

ところでこのトイレは現代の考古学者たちに、思わぬ贈り物をしてくれた。汚水槽の跡から、古代ローマ人が使っていた硬貨、鏡の一部、くし、ドアの鍵《かぎ》などが次々に見つかったのである。おそらく用を足している時に、落として汚水槽に流れ込んでしまったのであろう。この結果、汚水槽が二千年前の品物を現代に伝えるタイムカプセルとなった。特に運命の女神フォルトゥーナを彫りこんだ、純金の指輪は、二千年前に作られた物とは思えないほど、美しい輝きを放っていた。「あらー、どうしましょう。だいじな指輪が流れてしまったわ！」と地団駄を踏む、古代ローマの貴婦人の姿が目に浮かぶようである。

この浴場の近くには、古代の土台の上にジュピター神をまつる寺院を再現した建物や、ローマ人たちが神に牛などを焼いて捧《ささ》げた後、自分たちも焼肉を食べた、儀式用の祭壇の跡も残っている。考古学ファンの間には、古代の建物を再現することに、違和感を持つ人も多いに違いない。しかし、再現することの利点もある。たとえば寺院の建物では、ローマ時代に使われていた扉の南京錠《ナンキン》も再現されており、実際に手にとって鍵で開けてみることもできる。現代の錠とはずいぶん構造が違うことがわかる。このような細部を手にとって見ることで、古代ローマがとても身近なものに感じられる。

ケンプテンの遺跡には、集会場を持った大規模な遺構もあったのだが、残念なことに、第二次世界大戦直後の、住宅難が深刻だった時代に、遺跡はつぶされてその上に団地が作られてしまった。人々が戦争の傷痕《きずあと》から立ち直るのに必死だった時代には、今日ほど文化財を守ろうという精神が強くなかったのである。

イタリアに比べると小さな遺跡だが、ローマ人たちの日常生活ぶりを想像するには、もってこいの場所である。

ドイツ人と会社生活

一日の労働は、最高十時間まで

ドイツ人の個人主義を観察するには、会社の様子を見るのがもっとも手っ取り早い。日本の企業では、チーム精神やグループ全体の利益がなによりも重視されるが、ドイツでは会社でも、個人の利益を守ろうとする傾向が強い。

たとえば日本企業では、上司や他の同僚が忙しそうに働いている時に、さっさと退社することは、よく思われないが、ドイツでは職場を出た後の個人の時間をだれもが尊重しているので、あまり白い目で見られない。特に管理職とヒラ社員の給料の差が、日本よりもはるかに大きいので、上司は平社員よりも長時間働いて当然と思われているのだ。

また、ドイツでは労働基準法が日本よりも厳密に守られている。たとえば、基本的に管理職以外の社員は、一日十時間以上働いてはならない。また原則として夜八時以降の労働、日曜日や祝日の労働も禁止されている。

ドイツでは、労働基準監督署が抜き打ちで労働時間の検査を行うことがある。この検査によって、企業が組織的に社員を毎日十時間以上働かせていたり、週末労働をさせたりしていたことがわかると、多額の罰金を科されたり、人事部長が逮捕されたりする恐れがある。このため、どの企業でも社員の労働時間には神経を使っている。もともと、企業に対する忠誠心は日本ほど重視されないので、夜遅くまで残業をするだけでは、あまり評価されない。みな労働時間を短くしようとするので、ドイツ人の仕事への集中度は高い。会社ではあまり無駄話をせず、わき目もふらずに仕事をする。社員食堂や喫茶店へお茶を飲みに行く人はほとんどいない。昼食の時間も三十分しかない企業が多い。

またいわゆるフレックス・タイム制度を採用している企業も多く、午前九時から午後三時までは会社にいなくてはならないが、所定の労働時間（旧西ドイツで、週三十七・四時間）をこなしていれば、いつ退社しても良いことになっている。ドイツ人は朝早くから働き始める人が多く、朝七時からオフィスで働き始めて、午後三時には家に帰るという人もいる。

ただし最近では不景気の影響か、労働時間が長くなる傾向があり、タイムカードを押して退社時間を記録してから、オフィスに戻って仕事をする人も増えている。クビになるよりは、長く働いても仕事をきちんと終えなくてはという、危機感が広がっているのだ。

さてドイツでは公私混同を嫌い、会社と個人の時間をきっちりと区別する人が多い。仕事が終わってから上司や同僚と飲みに行くことは、一年に一回あるかないか。また日本とは違って、上司と人事部に報告すれば、自由時間にサイドビジネスを行うことは、本業に差し支えないかぎり、問題にならない。ただし許可を得ないで副業を行っていると、発覚した時にクビになることがある。つまり、何よりも情報開示が大切なのだ。また、九〇年代の前半頃までは、上司の許可を得れば、出張の際に自分の妻を同伴し、出張の後に現地で休暇を取るということも認められていた。当然、妻の航空券や滞在費は自分で負担しなくてはならないが、家庭生活を重視するドイツらしい制度で、日本から来た私には最初信じられなかった。年間三十日の有給休暇にしても、ドイツの制度の根底にあるのは、「個人の生活を楽しむ権利を与えた方が、社員もリフレッシュされて、会社のために働く意欲が増す」という発想である。

しかし二十一世紀に入って、経済状態が悪化するとともに、ドイツの会社もせちがらくなってきた。この国では年金の支給が始まるのは六十五歳からだが、多くの企業では五十五歳くらいから肩叩《たた》きが行われるようになっている。八〇年代の終わり頃までは「一つの企業に十年以上勤めれば、クビにはならない」と言われた。しかし今日

では一部の企業で、三十年以上同じ会社に勤めた人に対しても、自分から退職しないと、電話やコンピューターを取り上げて、仕事を与えないなどのモビング（社内いじめ）が堂々と行われるケースもあると聞く。個人の自由が認められているかわりに、失業する危険は、日本よりも高い。

殺伐とした話ばかりでは心が暗くなるので、ほっとする話もしよう。ドイツの会社では公私混同を避ける傾向が強いと書いたが、日本にはない家庭的な面もある。多くの企業では、上司の許可を得れば、勤務時間内でも誕生日や結婚などを祝うことが認められている。誕生日を迎えた人は、自分のオフィスや会議室にビールやシャンペン、スナック菓子やケーキを並べ、上司や同僚を招く。同僚たちはお金を出し合って、花束やカードを贈る。日本に比べるとチーム精神が乏しく、効率性をきびしく追求するドイツの職場で、心がなごむ一瞬である。

カロウシって何？

ドイツ人が知っている日本語といえば、ゲイシャ、フジヤマ、ツナミ、カミカゼ、スシくらいだが、最近ではカロウシという言葉も加わった。二〇〇四年にはミュンヘンのヴェルクラウム劇場で、ドイツのサラリーマンの悲哀を描いた喜劇が上演されたが、この劇には「KAROSHI（副題・働き過ぎによる死）」という題名がつけられていた。内容は、リストラされたサラリーマンの生活を戯画化することによって、会社での人間の自己疎外《そがい》をコミカルに描いたものであり、過労死そのものとは関係がなかった。それでも、過労死という日本語が、仕事を通じた人間性の喪失を象徴する言葉として、使われていることは、やはり深刻なことだと思う。

新聞やテレビの報道によって、日本人の労働時間が長く、過労死が社会問題になっていることは、この国ではよく知られている。

ある時日本の新聞を読んでいて、「有名出版社に勤めていた二十四歳の男性が、急性心不全で死亡したのは、長時間労働による過労が原因」として、男性の両親が出版社に対して損害賠償の支払いを求める裁判を起こしたという記事が、目にとまった。ご両親にとっては、まだ二十代の息子さんを亡《な》くされたことは、悲痛の極みだったことであろう。過労と急死の間に因果関係があったかどうかは、裁判の結果を見ないとわからないが、日本経済新聞の記事によると、この男性は毎日昼に出社して、朝二時、三時まで仕事をしており、毎月の労働時間は三百時間前後にのぼっていたという。しかし、大手出版社ではこのような勤務状態は珍しくないし、新聞社や放送局では当然のことだ。逆に長時間労働をしていることを、「自分は普通の勤め人ではない、特別な人間なのだ」という自負に転化させて、働いている人も少なくない。

私もＮＨＫの記者だった頃は、朝十時に警察本部や裁判所に直接出向いて、昼間は普通に働き、夜に捜査員や検事の自宅を訪れ、会社で報告を書いてから自宅に着くと、午前一時、二時という生活が当たり前だった。午後十一時に家に着くと、「あれ、今日は早いな」と思うほどだった。朝五時に起きて捜査員が家を出る時に会う「朝駆け」もしばしば行った。グリコ森永事件や、朝日新聞阪神支局襲撃事件の発生後三ヶ月間は、週末も含めて一日も休めなかった。

ドイツの国内総生産は、二〇〇五年の時点で日本に比べて四十％も少ない。税金や社会保険料も日本より高いので、可処分所得は日本を大幅に下回る。

それでも、ドイツ人の大半はマイペースで暮らしており、取締役や部長クラスを除けば、何かに追われるようにして働いている人は、日本ほど多くない。賃金協定で決められた旧西ドイツの年間労働時間は、千五百五十七時間で、日本よりも二百八十四時間も短い。

繁忙期以外に残業時間がふえると、仕事のやり方が非効率的だとして、上司から怒られこそすれ、ほめられることはない。いきおい、人々はなるべく残業をせずに、家に帰ることになる。つまりドイツ人は会社に勤めてはいても、あくまでも個人であり、会社人ではないのである。

過労死の原因の一つは、われわれ日本人の熱中しやすい、完全主義的な国民性ではないだろうか。私も記者になった一年目には警察取材がいやだったが、五年もやっていると特ダネが書けるようになるので、面白くなってしまい、探偵気取りで、意地になって仕事をしていた。夜十一時頃にＮＨＫの神戸放送局から帰る時、守衛のおじさんに「よく身体《からだ》がもちますね」と声をかけられたことがあるが、あの生活を続けていたら、健康を害していたかもしれない。

ドイツでは、仕事のしすぎで身体を壊しても、損をするのは自分だけという考え方が浸透しており、ほとんどの市民には過労で死ぬことは考えられないのだ。またキリスト教の教えによると、アダムとイブは、働くことなくエデンの園で暮らすことを許されていたが、禁断の実を食べたために、神の怒りに触れて楽園を追放され、労働によって生活の糧《かて》を得なくてはならなくなるという、罰を受けた。つまり大多数のヨーロッパ人にとっては、働くことは苦痛であり、できればやらないで済むにこしたことはないのである。

日本とドイツの間には文化の違いがあるため、一概に彼らのやり方を踏襲するわけにはいかない。ただし、ＧＤＰは日本の半分しかなく、ブランド商品を買えなくても、自分の生活を重視するドイツ人の姿を見て、色々なことを考えさせられることは確かだ。

私たちは国民一人あたりの国内総生産がみなさんより少なくてもいいんです。
HOLIDAY

社員全員が「中途採用」

日本の多くの企業では、大学や高校を卒業した若者が入社するのは、ほとんど四月一日と相場が決まっている。だがドイツには、このような特別な日はなく、入社式も存在しない。この国では全員が日本で言う「中途採用者」だからである。欧米のほとんどの国と同じく、仕事を探す人は新聞やインターネットの求人広告を見たり、自分が働きたいと思う会社に直接手紙を書いたりするのが普通だ。一年を通じていつでも企業の面接を受けられるし、大学生の会社訪問のような仕組みもない。従って、中途採用者とそうでない社員の区別もない。

就職の細部を見ると、ドイツが契約社会であることがよくわかる。この国ではすべての社員が、会社と労働契約（Arbeitsvertrag）を結んでおり、給与や条件などは、会社と社員が交渉で決定する。ドイツ人に「日本のほとんどの会社には労働契約がない」と言うと、信じられないといった表情をする。彼らは、会社と社員が相互の権利と義務を明確にするには、契約書が不可欠と考えているのだ。何事についても、白黒をはっきりさせたがるドイツ人らしい発想である。

この労働契約は、ほとんどの場合無期限であり、毎年更改する必要はない。年俸制の契約を持っているのは、取締役など一握りの人々に限られている。社員の間で、有給休暇の日数などは同じだが、契約内容は各自の交渉に基づいて決められるので、待遇の違いは、日本よりもはるかに大きい。すべては交渉から始まるのが、ドイツの会社生活なのである。

さて人事部と社員が労働契約にサインをした時点で、雇用関係が成立するが、最初の三ヶ月間は試用期間（Probezeit）と呼ばれる。ドイツの企業では、社員が会社を辞めるにも、企業が社員を解雇するにも、会社を離れる日の数ヶ月前に通告しなくてはならない場合が多いが、試用期間中には、この通告期間なしに、クビにしたり、会社を辞めたりすることができる。また試用期間には休暇を取ることも認められない。ただし毎日遅刻をするなど、よほど常軌を逸したことをしない限り、試用期間は簡単にパスできる。試用期間を終えて正式に社員になると、会議室や自分のオフィスに同僚や上司を招き、シャンペンなどを振る舞って祝うことが許される。

ドイツの企業では、原則としていつも社員を採用しているし、上司や仕事の内容が気に入らないために辞めていく人も常にいるので、日本に比べると、雇用市場の流動性は高い。社員の入れ替わりは、日本よりも激しいのだ。日本では企業を辞めると、感情的なしこりが残ることがあるが、ドイツでは問題でも起こさない限りは、はるかにドライである。一度会社を辞めて別の企業へ移ったけれども、その企業も気に入らなくて、元の企業に戻ってくるというケースも珍しくない。日本ならば、こうした出戻りはもっと困難だろう。

ドイツ人は米国人ほど頻繁に転職しないが、同じ会社に勤めていては、給料が頭打ちになってしまうので、給料の額を大幅に引き上げるために他社へ移るという人は少なくない。特に金融関係の企業に勤めている人には、こうした傾向が強いようだ。

さてドイツでは約四百万人が仕事につくことができず、失業率が十%前後に達するという状態が、十年近く続いている。なぜドイツでは失業者がこれほど多いのだろうか。これは単に景気の問題ではなく、ドイツの経済構造に原因がある。まず税金や社会保険料が高いので、人件費が高くなり、企業がなかなか人を雇えない。さらに、二十世紀の末までは、社会保障制度がかなり手厚かったために、支出さえ切り詰めれば、失業保険の給付金だけで生活していくことが可能だった。給料が安い職業の中には、税金や保険料を差し引かれると、失業手当をもらっている時よりも、手取り額が少なくなってしまうケースすらあった。これでは、働く気にならない人が出てくるのも、

わが社へ
来てくれて
ありがとう!
君はわが社の
希望の星だ。

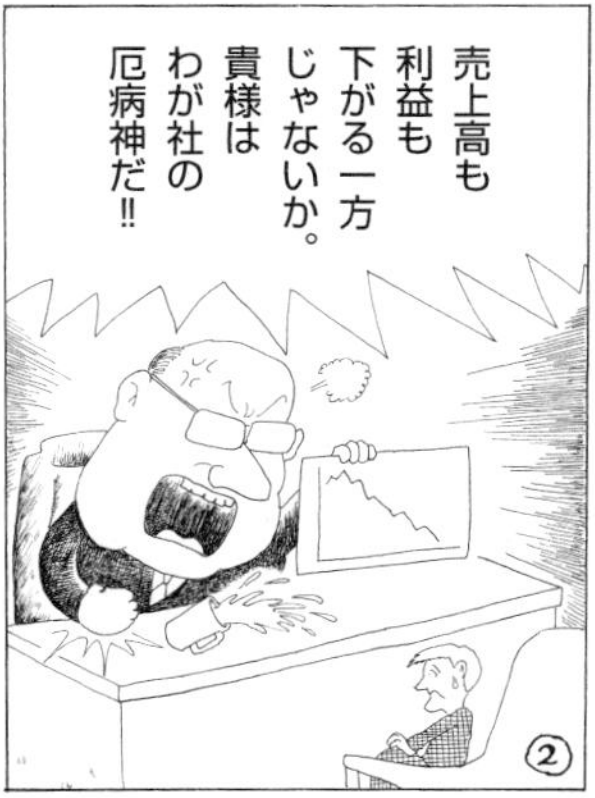
売上高も
利益も
下がる一方
じゃないか。
貴様は
わが社の
厄病神だ‼

無理はない。

さらに職場の状況に強い不満を抱いており、生活の糧を稼ぐためにいやいや働いている人は少なくない。失業しても米国のようにただちに路頭に迷うことなく、国からの給付金で食いつないでいくことができる。若い失業者も多く、ドイツ人は世間体を気にしないので、失業者は日本ほど肩身の狭い思いをしているようには見えない。

ドイツ政府は、失業率を減らすために、失業給付金を減額するなどして、再就職を促そうとしているが、四百万人の求職者の数は一向に減る気配を見せていない。一般的にドイツでは、不快な思いまでして、仕事につこうという考え方を持っている人は少ないようだ。こう考えると、日本でフリーターが増えているのは、雇用市場がドイツの状況に近づきつつある表れと言えるかもしれない。

聖なる休暇

ほとんどのドイツ人にとって、人生で一番大切な物はなにか？　この国に十六年間住んでみて私が達した結論は、「休暇（Urlaub）」である。企業や役所に勤める人には、法律や労働協約で三十日間の有給休暇が保証されている。会社員や公務員は、ふつう週末には働かないので、丸々六週間の休みである。しかも、上司の顔色をうかがいながら、「誠にすみませんが休暇を取らせて頂きたいのですが……」という感じで休暇を申請する人は誰もいない。三十日間の休暇は、すべて取るのが当然の権利と見られており、みな堂々と休みを取る。休暇申請書に休む日を記入して、上司のサインをもらうだけである。

いや、むしろ従業員が三十日間の休暇を全《すべ》て消化しないと、管理職は事業所委員会（Betriebsrat＝組合に似た労働者組織）から「なぜ社員を休ませないのか」とにらまれる恐れがあるので、むしろ上司は社員がきちんと休暇を取るように奨励する。休みを取らないで働いても、「やる気がある」とか「忠誠心がある」と思ってくれる上司はいないので、意味がないのだ。残業時間を消化するための代休や、前の年に消化し切れなかった休暇まで考慮に入れると、一年の有給休暇が五十日、つまり十週間近くなることも、珍しくない。

またドイツ人が休暇を取るのは、夏に限らない。子どものいる人は学校の都合で、夏やクリスマスに休むが、そうでない人は上司がノーと言わない限り、好きな時に休暇を取ることができる。一年分の休暇を一度に取り、六週間休んで世界一周旅行に出かけた猛者《もさ》もいる。また課長などの管理職の場合、平社員よりもはるかに高い給料をもらっているので、六週間の休暇をすべて消化しない人が多いが、二週間の休暇を年に二回くらい取るのは当たり前である。

つまり、ドイツでは上司も含めて全員が交代で休むので、気兼ねもなく、長期休暇は当たり前になっている。六週間は、働かなくても自動的に給料が出るのだから、休まないのは損なのである。またドイツの職場では短い労働時間の中で、具体的な成果を上げることを求められるので、集中的に効率良く働かなければならない。さらに日本のように集団の和を尊ぶ精神はなく、人間関係がギスギスすることも少なくないので、ストレスは大きい。

このため管理職にとっては、社員がノイローゼになったり、転職したりすることを防ぐためにも、長い休暇によって気分転換をさせ、新しい気持ちで仕事にのぞんでもらうのは、重要なことなのである。私も十六年前にドイツで働き始めた時には、「よくこれだけ休んで経済や社会がスムーズに機能しているな」と思ったが、仕事だけではなく個人の生活を大事にするドイツ人にとっては、休暇はかけがえのない物なのだ。ある取材でインタビューしたドイツ人の女性裁判官が、「休暇とは人生の中で一番大事なものです」と言い切っていたのが、強く印象に残っている。

ドイツ経済研究所が一九九九年の各国の有給休暇日数を比較した調査によると、ドイツの休暇日数はフィンランド、イタリア、オランダと並んで世界最高。日本の一・七倍、米国の二・五倍という多さである。政府はドイツ経済の国際競争力を高めるために、年金支給額や失業給付金の切り詰めなど、社会保障サービスをどんどん減らしているが、休暇の日数を減らしてもっと働こうという提案だけは、聞いたことがない。政府は、休暇がドイツ人にとって、「決して手を触れてはならない聖なる牛」であることを知っているのだ。この国で休暇日数の削減に手をつけた首相は、次の選挙で確実に落選させられるだろう。

ドイツ人は、なぜこれほど休暇を重視するのだろうか。ドイツで生活するとわかるが、ヨーロッパの様々な国民の中でも、ドイツ人の個人主義は、特に強い。他人と折り合いをつけるとか、他人の感情に配慮して妥協するのが、苦手な人が多い。そういう人にとっては、職場で好きでもない人々と顔を突き合せなくてはならないことは、ほとんど耐え難いことだが、金を稼ぐためには我慢せざるを得ない。したがって六週間の休暇は、多くのドイツ人にとって、自己を取り戻すための貴重な時間なのである。あるドイツ人がこんなことを言った。「あなたたち日本人は働くために生きているように見えますが、我々ドイツ人は休暇を楽しむために働いているのです」。もちろんドイツ人にも例外はあり、働き蜂《ばち》はいる。だが大半の市民については、この言葉はあてはまると思う。

D

電脳時代の幹事はつらいよ

会社での幹事役というのは、損な役回りである。催し物が滞りなく進むのは当たり前で、無事に終わっても特別に高い評価を受けるわけではない。縁の下の力持ちであるため、目立たない。逆に、なにかトラブルが起きると責任を押しつけられ、批判される。読者の皆さんの中にも、幹事役はごめんだという人も多いのではないだろうか。

私の知人Aさんは、ドイツのある会社に入って一年そこそこ経《た》ったばかりだが、外国からのお客さんを招いた重要なセミナーの幹事役を、上司から任せられた。「君の仕事ぶりを評価する上で、このセミナーの結果は大切だから、がんばってくれたまえ」。ふだんから厳しい上司の言葉に、Aさんは顔をこわばらせた。

彼が緊張したのには、理由がある。Aさんは、コンピューターで仕事はできるが、特別に機械に強いというわけではない。これまでお客さんが会社に来た時に、ノートブック型PCとビーマー（映像をスクリーンに映すプロジェクターの一種）を使ってプレゼンテーションを行おうとすると、コンピューターの画面がスクリーンになかかなか映らないなど、必ずといっていいほどトラブルが起きたからだ。そのたびに、Aさんは上司から「事前の準備がなっていないじゃないか！」と雷を落とされていた。ドイツ人は客の前でも平気で部下を叱《しか》るから、かなりのストレスになる。基本的に批判的精神のかたまりであるドイツ人は、人のことをめったにほめないが、悪い点があるとここぞとばかりに責めまくる。

今回のセミナーでは、四十人の重要なお客さんの前で、三日間に二十人の講師が、プレゼンテーションを行う。Aさんにとっては、ほとんど悪夢である。心配性で気が小さい彼は、セミナーの前日に会場へ行って、ビーマーのスイッチを入れ、ノートブック型コンピューターの画面をスクリーンに映写してみた。しめしめ、ちゃんと映るぞ。ある講師はビデオで短い映画を見せたいというので、ビデオカセットを事前に借りて来て、ビデオデッキがきちんと動くかどうか、テストをした。画面も音声も明瞭《めいりょう》で、問題なし。

当日、Aさんは緊張のあまり、朝五時には自然に目が覚めた。セミナーの始まる一時間前に会場に行って、再びテストをする。講師の好みも千差万別だ。事前にパワーポイントのスライドをAさんに電子メールで送ってきた人もいれば、自分のノートブック型コンピューターを持ってくる人もいる。自分の機械を使う人のためには、電気のコードや、ビーマーに接続するケーブルを、講演が終わるごとに、いちいち付け替えなくてはならない。

　さて、あるプレゼンテーションが始まる直前に、コンピューターをつないだのに、スクリーンに画面が映らない。あちこちキーを叩《たた》いても、何の変化もない。背中に冷や汗が流れる。技術者に電話する。「FnとF7のキーを同時に押してみて下さい」というアドバイスを受けて、キーを押す。画面が出た！　思わずため息がもれる。

　次の講師がマイクを握ったが、スピーカーから音が出ない。マイクの電池が切れたのである。Aさんはセミナー室の中を駆けずり回って、様々な引出しを開けた末に、ようやく予備の電池を見つけた。

　次の講師のために、ビデオデッキのスイッチを入れる。映像はスクリーンに映っているのだが、音声が出ない。制御盤の無数のスイッチをあちこちいじっても、うんともすんとも言わない。テストの時にはうまくいったのに……。お客さんたちの冷たい視線が、機械と格闘するAさんの頬にびしびし刺さる。講師の持ち時間の四十分は、砂時計の砂が下に落ちるように、どんどんなくなっていく。正に恐れていた事態が到来したのである。

　汗まみれになりながら、再び電話機に手を伸ばす。技術者は、席にいない。こんな

NO SIGNAL
幹事

大事な時にどこに行っているんだ。庶務課の人に電話する。電話はどんどんたらい回しにされていく。やがて、別の技術者が巨体を揺するようにして、セミナー会場に駆けつけてくれた。制御盤のボタンを二ヶ所ほど触ると、めでたく音声が出た。Aさんの手のひらは、汗でじっとりと濡《ぬ》れていた。

昔のプレゼンテーションといえば、プロジェクターのスイッチを入れて、透明なスライドを載せるだけであり、今思うと実に簡単であった。今日では、コンピューターのおかげで画面に色や動きが加わり、見やすくなったが、進行役の幹事にとっては、機械的トラブルの元が急増し、悩みの種が以前に比べて増えたのである。Aさんは、セミナーが終わった後、機械との戦いのために、一日で白髪が何本か増えたような気がした。

給料は全員違う

日本と異なり、ドイツでは四月一日に新入社員のために入社式が行われるということはなく、一年中常に社員が採用されたり辞めたりしているので、「××年入社の同期社員」という概念は、ほとんど存在しない。同じ年に入社した社員が同期会を開いて、結束を確認したり、情報を交換したりするということもない。したがって、日本のように一律の「初任給」というものもはっきり決まっていない。新入社員の中には、大学を卒業したばかりの人だけでなく、すでに他の会社で何年も働いていた人も少なくないからだ。個人主義が強いドイツでは、給料も一人一人ばらばらである。

ドイツには、給与体系が二種類ある。この国では、金属産業とか、金融、メディアといったように、産業別に労働組合が組織されているが、この産業別労組が、毎年経営者団体と交渉して決める賃金協定に基づく給料と、賃金協定外の給料の二種類である。賃金協定に基づく給料は比較的安く、責任の重い仕事をしている人は、ほとんどの場合、賃金協定外の給料を得ている。

賃金協定外の給料は、社員一人一人が入社する前に、自分を採用する部の部長や人事部と交渉して、決定される。このようにして決められた給料は、雇用関係の「憲法」とも言える労働契約書に書き込まれる。契約書は、雇用する側とされる側の両方が署名しない限り、効力を持たない。

ドイツでは他の企業に移る人は、日本よりも多い。とりわけ特殊な技能を持った人は、給料を引き上げるために、他の企業へ移ってより高い役職につくというケースが多く見られる。ただし、上司との関係がうまくいかなかったり、リストラで首を切られそうになったりした場合には、給料が減るのも覚悟の上で他の企業に移るという例が時々見られる。だが、ドイツでも勤め先を変わる回数があまりにも多いと、「何か性格的な問題があるのではないか」と思われ、書類審査で不利になるのは日本と同じである。

毎年の昇給のスピードも、社員一人一人異なる。賃金協定に基づく給料をもらっている人の場合は、毎年組合が交渉して決める割合、つまり物価上昇率とあまり変わらない割合でしか、給料が上がらない。つまり、一年に一%か二%である。賃金協定外の給料を得ている人の場合は、賃上げのスピードも、上司との交渉次第である。特にめざましい業績を上げている社員は、そのことを上司に積極的に売り込んで、大幅な賃上げを要求することも可能だ。上司も社員が満足しないと他の企業に行ってしまう恐れがあることを知っているから、その社員を失いたくないと思ったら、大幅な賃上げに同意する。

車がボーナスとして支給されることもある。私の知っているドイツ人弁護士は三十代だったが、勤め先の銀行からＢＭＷのクーペを社用車として支給されて、有頂天になっていた。社用車については、保険、車両税、修理代からガソリン代まですべて会社が払ってくれるから、有利である。公用車とはいえ、車を私用に使っても事故でも起こさない限り、問題はない。こうした待遇は、一九九〇年代に、ドイツでも土地バブル、ＩＴバブルがふくらみつつあった時代ならではの物である。

ドイツでは、商取引などの際に、社員が会社を代表して署名する、対外的な契約書には、社員二人が署名をしないと有効ではないが、この署名の仕方にも、会社でのポジションが反映している。たとえば、向かって左側に署名できるのは、支配人（プロクリスト）という肩書きを持った人だけであり、署名の前にppaという略号を付ける。戦前にはプロクリストといえば、今の社長のような重みがあったが、今日ではこの肩書きはほぼ形骸《けいがい》化しており、管理職ですらないプロクリストがごまんといる。せいぜい名前が商業登記簿に記載されるくらいである。ちなみにプロクリストになってしまうと、残業をしても手当が一銭も出なくなるため、不利な面すらある。

かつての日本では、何ヶ月分ものボーナスが支給されるのが当たり前だったが、ドイツでは六月と十二月に一ヶ月分の給料が、通常の給料にプラスされてボーナスとして支給されるだけである。庶民は、そのお金で夏休みとクリスマス休暇の旅行をする。

私は日本の企業で八年間働いてからドイツに来たので、ドイツの一般的な給与水準が日本に比べるとはるかに低いことがよくわかる。ある統計によると、この国で毎月貯金をする余裕のある人は、全体の五十%にすぎないという。税金と社会保険料が高いので、手元に残るお金は、ほんのちょっぴりである。その分、この国では日本よりも労働時間が短く、有給休暇の日数が多くなっている。つまり、自分の時間を取るか、それとも高い給与水準を取るかの選択なのである。

社用車
B社
A社

ドイツ式整理法

ドイツの会社や役所を訪れた時にいちばん驚かされるのは、日本のオフィスに比べて、整然としていることだ。一つの理由は、日本とは異なり、人口がいくつかの大都市に集中していないために、オフィスが広々としており、書類をしまうための棚や倉庫が完備されているということだろう。この国のオフィスでは二人部屋か一人部屋が主流であり、日本や米国のように、大部屋にたくさんの社員が机を並べて仕事をしている光景はあまり見られない。また個人主義的な性格が強いために、大部屋では落ち着いて仕事ができないという人も少なくない。

オフィスが整然としていることのもう一つの理由は、効率性と秩序を好むドイツ人の国民性である。これは日本人にはまねのしようがない、民族的な気質のようなもので、年齢や性別を問わず「家も職場もきちんと片付いているのが、好きだ」とはっきり言う人が多い（実際ドイツ人の家の中も、びっくりするほどこぎれいに整頓《せいとん》されていることが多い）。

ドイツの会社では比較的短い時間に、一定の仕事を効率よく処理することを要求される。必要な書類がなかなか見つからなくて、あちこちを探し回った経験は誰でも持っていると思うが、これは大変な時間のむだである。ドイツ人はこうした時間の浪費を特に嫌う民族である。

この国では、十九世紀に発明された「ライツ式リング・ファイル」に書類をとじこみ、仕切り紙に項目の名前を書いて、ABC順または年代順に分類するシステムが定着している。このファイルはA4サイズに統一されており、レバーを持ち上げれば、書類を綴《と》じているリングが真ん中で開く仕組みになっている。このため、ファイルされている書類をすべて取り出さなくても、必要な書類だけをすばやく取り出したり、書類をはさんだりすることができる。背表紙に書類の内容をはっきり表示しておけば、紙の山の下に埋もれた書類を探すのに、無駄な時間を費やす必要もなくなる。

日本の文房具屋でいろいろなファイルを見たが、わが国でライツ方式を採用している製品は、まだ少数派である。このファイリング・システムは実に単純だが、ドイツではどの文房具メーカーもこの規格を採用している。私自身、このシステムを使って、自分が書いた記事や、新聞記事の切抜き、資料、名刺などを整理しているが、とても便利なので、このファイルなしには、仕事ができない（そのかわり、十六年間で二百冊を超えるファイルがたまってしまったが）。

また、基本的に机の上に物を置かないようにしている人が多い。机の上が書類や筆記用具、コーヒーカップで雑然としている人は少数派であり、ほとんどの人は机上をきちんと整理している。帰宅する時には、書類などをすべて片付けてしまい、机の上に紙一枚すら載っていないようにする人も多い。机の上の見通しを良くするのは、効率のためでもある。

たとえばある人は、終わっていない仕事に関する書類をプラスチックの透明ポケット（A4サイズ）の中に入れて、机の上に並べている。書類が常に視野にあることで、未処理だということが視覚的に印象づけられるからだ。優先順位の高い仕事ほど、自分に近い場所に置いておく。書類の内容を見出しとして小さな紙に書き、書類の一番上の目立つ場所にはさんでおけば、その書類が何に関するものかが一目でわかる。処理された仕事はファイルの中に消えて、机の上のスペースが増えるから気持ちが良いし、終わった仕事と未処理の仕事の区別がはっきりするというわけだ。

いつか日本の大手新聞社や中央官庁を訪れた時に、机の上に書類や本、雑誌、新聞が山のように積み上げられ、向かいの席との間に「ベルリンの壁」を築いている人が多いことに気がついたが、ドイツでは見たことのない光景である。特に、某官庁の大

腰痛に悩む人は少なくない。このため、特別に背もたれが高い椅子や空気でふくらませる巨大なボールを注文する人もいる。

客に会わない日には背広もネクタイもなしの人が多い。

未処理の案件を透明フォルダーに入れて机の上に並べておく人が多い。

ドイツ人は緑が大好き。オフィスにも、鉢植えの植物が欠かせない。

家族の写真をオフィスに飾る人が多い。

1週間の予定が一目でわかる横長の卓上カレンダー
ドイツの会社には必ずあるライツ式リング・ファイル

部屋を見た時には、あまりの乱雑さに「これでどうやって仕事をするのだろうか」と一瞬思ってしまった。実は私も日本で働いている頃は、「机の上がゴチャゴチャしていることこそ、仕事をしている証拠」と考えて、ごく当たり前のように机の上を乱雑にしていたが、最近では、机の上がスッキリしている方が仕事をしやすいと感じるようになってきた。

ドイツ人が整頓にかける情熱には、「整理されておらず、必要な時に取り出すことができない情報は、持っていない情報と同じである」という彼らの信条が現われているような気がする。

簡単にはクビにならないぞ！　解雇からの保護法

日本ではバブル崩壊後、一九九〇年代と二〇〇〇年代に、多くの企業でリストラと称して社員の解雇が行われた。ドイツの大企業では、リストラのために社員のクビを切るのは、日本ほど容易ではない。この国には、従業員を恣意《しい》的な解雇から守るための法律（Kündigungsschutzgesetz）があるからだ。

この法律を読むと、ドイツがいかに法律を基盤として作られた国であるかが、痛感される。そして経営者に比べて弱い立場にある従業員を守るには、こうした法律が欠かせないということが感じられる。

この法律によると企業は、従業員が犯罪をおかした場合や、試用期間中である場合などを除いて、従業員を即時解雇することは許されない。たとえば多くの企業では解雇の通告を、解雇する日の数ヶ月前に行わなくてはならない。この解雇通告期間が何日あるかは、労働契約書にはっきり記されている。社員は、この期間中に、引き続き会社から給料をもらいながら、組合や弁護士に相談したり、場合によっては会社を訴えたり、次の職を探したりすることができるので、解雇通告期間は重要である。日本のほとんどの企業では労働契約書がないので、社員も解雇通告期間が何日か知らないのではないだろうか。

また業績悪化を理由に、人件費を減らすために従業員を解雇するケースは、「経営上必要な解雇」と言われるが、この場合、企業は解雇されても不都合が少ない人から優先的に解雇しなくてはならない。具体的には経営者は、従業員の年齢、勤続年数、従業員が家族を養う義務があるかどうか、身体に障害があるかなどの基準にてらして、解雇する社員を選定しなくてはならない。

たとえば、独身で年齢が二十八歳、二年前に働き始めたばかりのAさんと、妻と二人の子どもを持ち、年齢が五十歳で勤続年数が二十年のBさんを比べた場合、経営者はAさんに解雇を言い渡すのが妥当ということになる。解雇からの保護法によると、経営者がこのルールを無視して解雇を行った場合、つまり独身で勤続年数も短いAさんがいるのに、家族持ちで勤続年数も長いBさんを先に解雇しようとした場合、解雇通告は法的に無効になる。若い社員は、年配の社員に比べて、解雇されても別の企業で職を見つけられるチャンスが大きい。この法律があるために、ドイツでは勤続年数が長い社員を解雇するのは、日本よりも困難になっているのだ。

また、病気で休むことが多い社員の解雇も、簡単ではない。たとえばある社員が、一年間に百二十日間病気やけがで休んだとしよう。企業がこの社員を解雇しようとする場合には、「この社員は健康上の理由で将来も長期間にわたり、会社を休む可能性がある」ということを証明しなくてはならない。もしも病欠の理由が、スキーによる複雑骨折や、重いインフルエンザなどであれば、将来も長期間にわたり病欠する理由にはならない。したがって、こうした理由に基づく解雇は、法的に無効になる。

解雇を不当と考える社員は、労働裁判所に会社を訴えることができるが、提訴ができるのは、解雇通知を受け取った日から三週間以内に限られている。この国では合理化を理由に解雇する時にも、企業には社員に退職金を支払う義務はないが、法廷に持ち込まれたケースのほとんどは、企業が退職金を支払って和解するという形で決着する。

解雇からの保護規則は、二〇〇三年末までは、従業員の数が六人以上の企業では、少なくとも半年以上その企業で働いていれば、全員に適用された。もっとも、企業経営者にとってはこの法律は悩みの種である。社員を簡単にクビにできないから、企業は新しい社員を雇用しようとしなくなる。「ドイツの失業率が十%という高い水準にある理由の一つは、この法律があるために、企業が従業員を新しく採用したがらないことだ」という指摘も行われている。

このため、ドイツ政府は、従業員が十人以下の企業では、二〇〇四年以降新しく採用される十一人目の従業員からは、解雇からの保護規則を適用しないことを決定した。仕事の量が増えた時に、経営者が新しく従業員を採用しやすくするためである。

このような制度がない日本や米国の経営者には、ドイツの雇用市場はさぞ硬直化したものに見えるに違いない。

だがドイツが、弱肉強食の純粋資本主義とは一線を画し、弱者に政府が安全ネットを提供する「社会的市場経済」という大原則を採用していることを考えれば、なぜ労働者を解雇から守るための法的な枠組みがあるのかが、理解できるだろう。

Kündigungsschutz-
gesetz
(解雇からの保護法)
組合
解雇通知

強きもの、汝《なんじ》の名は労働組合

日本とドイツで大きく異なる物の一つが、労働組合である。日本の多くの企業では、労働組合は完全に企業の一部になってしまっている。たとえば、私の知っているある日本の大手企業では、副部長つまり管理職が社員に対して「きみ、来年は組合の執行委員をやってくれないか」と内々に声をかけていたが、ドイツの組合は企業から独立した存在なので、考えられないことである。この国では、執行委員は必ず組合員の投票によって選ばれるので、管理職が執行委員になる人を決めるなどということはあり得ない。企業の中での影響力も日本に比べるとはるかに大きい。

ドイツの組合は、IGメタル（全金属労組）のように産業別に組織されているが、それぞれの企業にも組合に相当するものが置かれており、こちらは、事業所委員会と呼ばれる。従業員の数が五人以上の企業には必ず設置されるが、日本の組合とは異なり専従の組合員はいない。事業所委員会は、従業員にとってきわめて重要な存在である。

たとえば、従業員が経営者から解雇されるという通告を受け取った場合、最初に相談する「駆け込み寺」が事業所委員会である。事業所委員会の執行委員は、経営側に対し解雇の理由などを全て開示するように求めることができ、経営側の解雇に関する手続きが正しく行われているかどうかを点検する。

企業がある従業員の解雇について、すべての事実を事業所委員会に開示していない場合や、手続きに誤りがあった場合には、解雇は法的に無効なので事業所委員会は同意しない。経営側にとって、事業所委員会が同意しないまま従業員を解雇することは原則として難しい。事業所委員会の委員たちは、解雇をめぐって経営側と交渉するのに慣れているので、法律知識がない社員にとっては心強い。

さらに、業績が悪化して大幅なリストラが必要になった場合、経営側にリストラの全貌《ぜんぼう》を書面で公表させたり、退職金の計算方法や、解雇の手順などを定めたリストラ規則について経営側と交渉して、全社員に書面で通知したりするのも、事業所委員会の重要な役割である。事業所委員会は、経営側が不当な振る舞いをしていると判断した場合には、弁護士と相談したり、会社を訴えたりすることもある。

また事業所委員会は、三ヶ月に一度くらいの割合で勤務時間中に、社員集会を開くことが許されている。集会では、社長など経営側の代表を招いて経営状態などについて報告させることができるほか、社員からの苦情や質問を吸い上げて経営側にぶつけることも、ごく普通に行われている。従業員は、なかなか自社の現状について全体像を知らされないものだが、事業所委員会はこうした催しによって、経営側に情報開示をさせ、透明性を高めるという役割を担《にな》っているのだ。

さらに事業所委員会は、日本の組合では考えられないほど強力な、お目付け役としての機能も持っている。たとえば繁忙期に、法律で定められた労働時間を上回る超過勤務をしなくてはならない場合、経営側は超過勤務をさせることについて、事業所委員会の同意を得なくてはならない。

またドイツの株式会社には、監督役会（または監査役会）という世界でも珍しい組織がある。これは主に会計監査を行う日本の監査役会とは異なり、労働者や株主の代表が、取締役会を監督するための組織であり、企業が行う重要な決定について発言権を持っている。興味深いのは、この重要な組織にも、事業所委員会つまり組合の代表が加わっていることである。取締役会を監督する組織にまで、組合の代表が参加するということは、日本や米国では考えられない。

事業所委員会のメンバーは、毎年選挙で改選されるが、委員になっている間は、企業から解雇されないという「特典」がある。経営側が、目の上のコブであるやり手の

繁忙期なので
従業員五十人に
残業をさせたい
のですが、
同意して頂ける
でしょうか？
！
組合
Betriebsrat
(事業所委員会)
①

あなた方は
ついこの間従業員を
解雇したばかりでは
ないですか。
それなのに残業なんか
認められるものか！
従業員の数を
増やしなさい！
やっぱ
だめか
②

委員を狙《ねら》い撃ちして解雇するのを防ぐためだろう。

このようにドイツの組合は日本よりも経営から独立した組織であり、両者の間には緊張関係があるが、同時に、組合に対する情報開示が行われたり、一定の発言権が認められたりしているために、他の欧州諸国に比べるとストライキははるかに少ない。

ドイツ経済研究所によると、一九九三年から二〇〇二年までに、毎年ストライキによって失われた、従業員千人あたりの平均労働日数は、イタリアが百三十日、フランスが九十二日、米国が四十五日であるのに対し、ドイツでは五日にすぎない。経営ににらみをきかせながら、労働争議には訴えず、対話を通じて合意の道を探るというのが、この国の組合なのである。

ドイツで日本企業の子会社を率いるビジネスマンには、この国の組合の強さを肝に銘じることをお勧めする。

女性の職場進出の陰で

「オギャー、オギャー」。ここはドイツのある企業。赤ちゃんの泣き声が響き渡っているが、人々は、特に驚いた顔もしない。女性の課長Wさんは、ふだん子どもを託児所に預けるか、夫に面倒を見てもらっているが、都合がつかない時には、子どもを会社に連れてくる。会議で部屋にいられない時には、同僚が赤ちゃんの面倒を見る。社員食堂で、乳母車をテーブルの横にとめて、昼食をとっているお母さんもいる。もちろんドイツでもこのような光景が毎日見られるわけではなく、あくまで例外だ。それでも、会社に子どもを連れてくることについては、経営者も同僚も目くじらを立てないようである。

ドイツでは、働く女性の割合が年々高くなっている。連邦統計局によると、二十歳から六十五歳までの女性のうち、勤労者の割合は一九九一年には五十九％だったが、二〇〇二年には六十五％になっている。その理由としては、夫の収入に依存せず、経済的な独立性を望む女性が多いこと、企業側に女性差別が少ないこと、可処分所得が比較的少ないので、生活水準を上げるには、夫婦が二人とも働く必要があることなどが挙げられる。

日本から来ている私の目には、ドイツでは日本よりも女性の職場進出が成功しているように見えるが、問題点も多い。一九九五年に連邦家庭省が行った調査によると、大企業の管理職のうち、女性はわずか六％にすぎない。また、給与の面でも大きな差があり、大卒の女性サラリーマンの平均月収は六千三百マルク（約四十一万円）だったが、これは男性の平均月収の六十八％である。女性の七割は、「職場での待遇や昇進で、女性は不利な立場に置かれている」という不満を抱いている。

また職場で重要な地位についてバリバリ働いている女性は独身か、結婚していても子どもを持っていない人が多い。その最大の理由は、託児所の費用が高いので、経済的に余裕がないと、利用できないことである。このため結婚して子どもを持つと、会社で働くのが難しくなってしまう。ドイツには、育児休暇の制度があり、企業は女性が出産や育児のために最高三年間休んだ後も、その人が職場に復帰したいという時には、仕事を提供しなくてはならない。多くの母親は午前中だけ働くことを望むが、企業側は効率の面から、一日中働く女性を希望することが多い。このため、出産休暇後に以前と同じように仕事を続ける女性は、実際には少ない。

さて女性がさらに厳しい立場に置かれているのは、旧東ドイツである。社会主義時代には、労働力が不足していたために、女性の約九十%が仕事についていた。託児所は国営で無料だったために、子どもがいても一日中働くことは、十分可能だったのである。ドイツ統一とともに、国営企業は民営化されたり閉鎖されたりして、多くの女性が失業した上、託児所も有料になった。二〇〇三年十月の時点で、旧東ドイツの女性の失業率は十九・一%で、男性の十八・六%を上回っている。東ベルリンの企業で二十年間働いていたB・ケルツさんは、一九九一年に解雇された。私がインタビューした時には四十四歳で、十九歳の娘と二人暮しだった。多くの企業に手紙を送ったが、年齢がハンディとなって再就職先が見つからず、国の補助金で運営される、失業者向けの雇用創出事業（ABM）の中で仮に雇用されている状態だった。ABM企業では最高一年間しか働くことができない。「解雇は、大きな衝撃でした。生活費はどんどん上がっていく上に、子どもの面倒も見なくてはならず、将来に対する不安にいつもさいなまれています」。

旧東ドイツの失業女性を支援する団体「MARIE」のE・ポゾルスキーさんは、女性の失業率が高い理由をこう分析する。「社会主義時代の東ドイツ政府は、女性がエンジニアなど技術系の仕事につくことを奨励しました。しかし統一後は、こうした仕事は男性にとって代わられ、女性には再就職のチャンスがほとんどありません。企業にとっては、男性を雇った方が、子どもや家庭の問題がないから、簡単ということなのでしょう」。

ポゾルスキーさんは、「全《すべ》ての女性に職業教育を受けさせ、子どもを育てながら仕事をできる社会の枠組みが整っていたことは、社会主義時代の東ドイツの良い点でした。統一後のドイツでは、女性にとって家庭と仕事は両立しません」と断言する。ドイツの出生率が一・四前後と極めて低い水準になっている原因の一つは、こうした社会環境にあるという声も強い。女性にとって家庭と仕事の両立が可能な社会の枠組みを整えなければ、ドイツ社会が直面している深刻な人口減少に、今後拍車がかかるのではないだろうか。

Abrechnung
Belege A

FIRMA XYZ

夢は五十代で定年退職（マラガからの電話）

日本と同じくドイツの公的年金制度も火の車だ。年金をもらえるのは六十五歳からだが、政府は収支を改善するために、将来は六十七歳からにすることも検討している。ドイツ人の中には、五十代で仕事をやめて悠悠自適の生活に入りたいという人が多い。もっとも、ほとんどの市民にとって、これは夢の夢であり、実現できる人は少ない。たまたま私の知り合いの中に、夢を達成した人がいるので、ご紹介しよう。ドイツ人のE氏は、貴族の血をひいているが、家の財産だけでは食べていくことができないので、大手メーカーに二十年近く勤めている。いつ会っても仕事がいやでしょうがないという様子で、「早く引退してイタリアの田舎に引きこもりたい」と言うのが口癖になっていた。

ある時ベルリンで会ったところ、E氏はいつになく晴れ晴れとした表情だった。「あと二年で会社を辞めることにした。退職勧奨制度を利用して、あと二年間働けば、その後二年間は会社に出なくても今の給料の半分が支給される」。つまり五十五歳で仕事をやめるというのだ。「失礼ですが、そんなに早く会社を辞めても生活していけるのですか?」。すると彼は、遠くを眺めるような表情で、語りだした。「ある日、町を歩いていたら、携帯電話が鳴ったんだ……」。

電話をかけてきたのは、E氏の親類だった。スペインのマラガにいる彼の伯母が連絡を取りたがっているので、できるだけ早く電話をしてほしいというのだ。E氏は電話番号をメモしながら、狐《きつね》につままれたような気持ちだった。彼はこの伯母に、生まれてから一度も会ったことがなかったからである。ただ学生の頃に一度だけ、手紙を送ったことがあった。それが伯母とのただ一つの接点である。その女性が自分に会いたいというのである。

E氏の伯母は、ドイツ人女性としては型破りであった。若い頃両親に反発してダンサーになったかと思うと、ナチスの過去を引きずる西ドイツに嫌気がさしたために、スペイン人と偽装結婚してドイツ国籍を捨てた。祖国に背を向けた女優マレーネ・ディートリッヒと同じ心境だったのであろう。

その後この女性はニューヨークの出版社で編集者として働いたり、南米に住んだりしてから、スペインのマラガに落ち着いた。八十歳を超えて重病にかかっていた彼女は、死が迫っていることを感じており、三十年以上前に一度だけ自分に手紙をよこした E 氏に連絡を取ろうとしたのである。「ぼくは、すぐに一週間休暇を取って、スペインに飛んだよ」。

彼は、海の見えるマラガの高級マンションの一室で、生まれて初めて伯母に会った。そこでE氏は、伯母が自分に会おうとした理由を聞いて、また驚いた。彼女は父親から引き継いでいた莫大《ばくだい》な遺産を、相続させる相手を探していたのだ。彼女は他の親類とは仲が悪く、遺産を渡したくないと思っていた。このため、E氏が遺産を引き継ぐに足る人物かどうかを見極めるために、一種の面接試験を行ったのである。初対面だったが、一週間じっくり話し合って、信頼感を持ったようであった。「一週間後、ぼくはマラガで英語のできる公証人を見つけると、病床で遺産相続についての遺言状を書き取らせた」。マンションは、最後まで彼女の世話をしていた家政婦に贈られ、遺産はE氏が相続することになった。その一週間後、伯母は息を引き取った。

「血は水よりも濃いとでもいうのかな。伯母は家族とドイツを憎んでいたが、死んでから財産を赤の他人に取られるのは惜しいと考えたようだ。たった一度の手紙だけで、ぼくのことをよく覚えていたものだ」

マラガからの一本の電話によって、E氏は五十五歳で会社を辞め、遊んで暮らすという夢を実現した。独身であるため身軽なE氏は、ほとんど自宅にいることがなく、

うらやましい……
€
遺産
55才

つねにイタリアやオーストリアを旅行している。貴族らしく芸術を愛し、東にオペラのフェスティバルがあれば走り、西に現代美術の展覧会があれば飛ぶ。

ミュンヘンでは、巨額の遺産を相続したために、全く仕事をせず、散財だけしている人を、他にも何人か知っている。会社でのストレスや原稿の締切りのプレッシャーを味わわなくても良いのはうらやましいが、遊ぶだけの暮らしというのも、空《むな》しくなることがあるのではないだろうか。それとも、こう考えるのは、私が働き蜂《ばち》民族である日本人の一人だからだろうか。

あとがき

ドイツは、名所旧跡があまり多くないためか、日本人の間で圧倒的に人気がある英国、フランス、イタリアの陰に隠れて、訪れる観光客が少ない。また日本のマスコミには、ドイツ語で取材できる記者が少ないせいか、ドイツについて新聞やテレビで報道される機会も少ない。

この国が医学や技術で世界のトップクラスの水準を誇っていた時代には、森鷗外《おうがい》をはじめとして、多くの日本人が留学先として選んだ。しかし、二十世紀の前半に国民がヒトラーという犯罪者をトップに選んで、大暴れするのを許したばかりに、むざむざ優秀な頭脳を国外に流出させるか、死なせてしまい、科学技術など多くの面で米国の後塵《こうじん》を拝している。その結果、以前に比べると、ドイツに留学する日本人は大幅に少なくなった。

それでも、ドイツという国には興味深い面がある。たとえばヨーロッパに住んでみると、ドイツが比較的若い国であることに気がつく。約二千年前にすでに高度な文明を誇っていたイタリアやギリシャに比べると、まだヒヨコのようなものだ。つまり、この国はヨーロッパ大陸の中の米国ともいうべき、後発国なのである。

そしてドイツは歴史が浅く、まだ変化の真っ最中の国だからこそ、統合ヨーロッパの中で主導的な役割を果たすことができる。ユーロの導入などによって、ヨーロッパをぬきにドイツを語ることはできなくなっているが、ドイツをぬきにヨーロッパについて語ることも難しい。たとえばユーロに関する通貨政策を司《つかさど》る欧州中央銀行は、ドイツ連邦銀行をモデルにして作られており、その所在地も連銀と同じフランクフルトである。ドイツは欧州を支配するには小さすぎる国だが、欧州の中で完全に無視することもできない大きさを持っている。イラク戦争でフランスとともに米国に楯《たて》突き、「ノーと言えるヨーロッパの意地」を見せたのも面白い。株主価値最優先の時代にも、個人の自由や労働者の権利を守る精神が脈々と生きている。「びっくり先進国」という書名には、そういう意味もこめられている。

私が一九九〇年からこの国に住んでいる理由の一つは、日本ではわからないヨーロッパの大きな変化の流れや、様々な民族の個性について、現場で詳しく知りたいと思ったことである。

日本は、国際情報という面では、まだまだ閉ざされた国である。外交や、外国への情報発信があまり上手ではない背景には、外国から日本に流れ込んでくる情報が少ないという事実があるだろう。日本で新聞を読んだりテレビを見たりしているだけでは、外国で起きていることのポイントや、背景がよくわからない。

　日本は外国を意識しなくても十分に暮らしていける国だが、人口のほぼ十％が外国人であるドイツでは、外国や異文化が、社会の一部になっており、無視することができない。それもそのはず、ドイツは欧州のほぼ真ん中に位置し、九ヶ国と国境を接しているのである。日本では外国で起きたニュースが新聞の一面トップになることはそれほど多くないが、ドイツでは日常茶飯事である。

　日本では味わえない、異文化混在社会ドイツの雰囲気をお伝えするというのが、この本の目的の一つである。十四年も住んでいると、日本社会とドイツ社会の違いが、生活のあらゆる場面で目立つようになる。人々のちょっとした仕草や言葉のはしばしに、文化の違いが見える。今回の文章は、一九九七年に新潮社から出させて頂いた「住まなきゃわからないドイツ」に比べると、辛口になっている。住む時間が長くなればなるほど、良い面だけでなく、悪い面も目立ってくるので、批判的な見方をするようになるのは、自然なことであろう。

「マンガ入りの本ではなく、硬い内容の本を書け」と多くの方からお叱《しか》りを受けているが、大所高所からの議論だけではなく、世の中を虫瞰図《ちゆうかんず》的に描くことにもそれなりの意味はあると思う。この本を、十四年前からドイツで自家製特派員を続けている日本人の、庶民感覚の報告書と考えて、肩に力を入れずに読んで頂ければ幸いである。

本書は、「NHKテレビ・ドイツ語会話」、「保険毎日新聞」、「電気新聞」、「FASE」に連載した原稿に大幅に加筆し、イラストを加えたものと、書下ろし原稿から成っている。出版に向けて尽力して下さった新潮社の庄司一郎氏、そして転載について快諾して下さった編集者の皆様に心からお礼を申し上げたい。

二〇〇四年七月　ミュンヘンにて

熊谷　徹

文庫版あとがき

私のドイツ生活は、今年で十六年目になる。すでにNHKで記者として働いた期間の、二倍の長さになってしまった。もしも私がNHKの特派員として、ドイツに派遣されていたら、とてもこれだけ長く滞在することはできなかっただろう。また今日の特派員は折角ドイツに来ても、イラクやアフガニスタンなどの紛争地域に次々に出張させられて、落ち着いてドイツについて取材する暇もない。私が「自家製特派員」になった最大の理由は、じっくり時間をかけて、ドイツとヨーロッパについて知りたいと思ったことである。

この国には、ベルリンで連邦政府の記者会見に出ても、わからないことが、たくさんある。長期間にわたり腰を落ち着けないと、見えてこないことも色々ある。

たとえば、ドイツと日本や米国との間に横たわる、最も大きな違いの一つは、「Sozial-gedanke（ゾツィアール・ゲダンケ）」という言葉に凝縮されているような気がする。これは、社会的公共心とでも訳すべき言葉で、ドイツ人と話していると、頻繁に使われる。

本書の「解雇からの保護法」や労働組合に関する章に記したように、ドイツでは、社会的に弱い立場にある従業員を、経営者の恣意《しい》的な解雇や差別から守るための法律が、整備されている。一日十時間を超える労働や、日曜日や祭日の労働は、原則として禁止されている。したがって日本と違って、過労死は全く社会問題となっていない。むしろ、経営者側はドイツの労働時間がほかの国に比べて短いことや、有給休暇の長さを問題視している。二〇〇四年には、旧西ドイツの年間所定労働時間は、日本よりも四百十二時間も短かった。

解雇までの事前通告期間も、日本や米国に比べるとはるかに長い。このため、米国の映画に出てくるように、「お前はくびだ」と言われた社員が、段ボール箱に私物をあわてて詰め込んで、オフィスを去るという光景はあり得ない。

こうした制度の背後にあるのが、社会的公共心という精神なのである。戦後西ドイツの経済政策の根幹は、「社会的市場経済（Soziale Marktwirtschaft）」という原則である。市場原理に基づいて、自由競争を促進するが、過度な競争のために、市民や勤労者が不利益をこうむらないように、国が一定の枠組みやルールを設ける。

たとえばドイツ企業は、米英の企業のように、利潤の極大化や株主価値の増大だけをめざすのではなく、従業員や消費者など、「ステーク・ホールダー」（利害を持っている人）にも配慮することを求められた。

また社会的弱者のための安全ネットとして、手厚い社会保障制度が整えられた。従って一時期の日本のように、大都市の駅や地下街に、ホームレスの人々の段ボール箱を使った小屋がずらりと立ち並ぶという光景は見られない。今では無理だが、一九八〇年代の末頃までは、支出を切り詰めれば、国からの失業手当だけで生活することは不可能ではなかった。

この手厚い社会保障制度を支えるために、日本や米国とは違って、給料の四十%が、税金と社会保険料として、国に吸い取られる。税金が高いだけあって、高速道路や公園など、多くの市民が利用するインフラストラクチュアは、とても充実している。社会が生産した富を、一部の成功者や権力者に集中させるのではなく、社会の弱者にも分け与えるという発想だ。二〇〇二年の時点では、ドイツの社会保障支出は、GDP（国内総生産）のほぼ三分の一に達している。これは、日本や米国をはるかに上回る数字だ。

従業員が一定の数を超える企業では、取締役会のお目付け役である監査会に、労働組合の代表も参加する。共同決定方式と呼ばれるこの制度は、ヨーロッパの他の国でも一部見られるが、ドイツほど労働者に強大な権限を与えている国は、世界のどこにもない。経営者にとっては足かせとなるが、ドイツでストライキによって失われる労働時間が、英国や米国に比べてはるかに少ない理由の一つは、共同決定方式である。

ドイツ人は、日本や米国と異なる経済・社会政策を維持していることに、強い誇りを抱いてきた。競争だけでなく、勤労者の権利をも重視するドイツの制度は、「人間の顔を持った資本主義」と呼べるかもしれない。ドイツの制度は、日本や米国に比べて、働く者をはるかに手厚く守っている（隣国スイスですら、勤労者を守る壁は、ドイツより薄い）。その意味で、勤労者にとって、ドイツは「先進国」だったのである。

その反面、一九九〇年のドイツ統一以降は、このシステムが様々なきしみを見せ始めている。鉄のカーテンが崩壊して、ドイツよりも労働コストが低い中東欧の国々が、ヨーロッパ経済の仲間入りをしたのである。社会保険料が高いために、ドイツの労働コストは世界でもトップクラスである。このためドイツは、中東欧のエマージング・マーケットに対抗するために、いち早く構造改革を行い、社会保険料を低くして、労働コストの削減を行うべきだった。だがドイツは、統一直後の旧東ドイツでの建設ブームなど、一時的な「特需景気」を体験したため、ヨーロッパのほかの国々が一九九〇年代初頭に行っていた、構造改革を怠った。旧東ドイツの国営企業の民営化やインフラ再建で忙しく、長期的な構造改革の時機を逃したのである。

このためドイツの国際競争力には大きな影が落ち、成長率も鈍化した。労働コストが高いために、企業は従業員の採用を手控えたほか、中東欧やアジアへ生産設備を移す企業が増えた。このため、失業者数が四〇〇万人と五〇〇万人の間を行き来するという状況が長年続いた。ドイツ企業の四十一％は、五十歳以上の人を一人も雇っていない。二十一世紀の初めには、ドイツの経済成長率はほぼ横ばいになった。一方、社会の高齢化が急速に進んでいるために、公的年金や健康保険など、社会保障支出は、うなぎ上りである。国の富を、稼ぐ以上のスピードで使っていたら、システムが破綻《はたん》するのは明らかである。

一九九八年に緑の党とともに、左派連立政権を築いた社会民主党のシュレーダー氏は、競争力回復をめざして、ビスマルクが十九世紀に社会保障制度を導入して以来、最も大胆な構造改革に着手した。二〇〇五年にメルケル首相が誕生させた大連立政権も、シュレーダーによる改革を原則としては踏襲し、社会保障支出を減らして、労働コストを引き下げ、市民が老後の備えなどに関する自己負担を増やすよう求めている。

こうしたドイツの「先進国病」は、アジアの新興国の追い上げや、社会の高齢化・少子化などの問題を抱える日本にとっても、他人事《ひとごと》ではない。このテーマについては、二〇〇六年八月に新潮社から出した「ドイツ病に学べ」（新潮選書）で詳しく論じたので、ご参照頂ければ幸いである。

日本で生まれ育った私には、ドイツ人がこれほど短い労働時間と労働日数で、いまだに世界で第三位の経済大国の地位を保っているのは、驚きである。ＯＥＣＤ（経済協力開発機構）が二〇〇二年の時点で、国民一人当たりのＧＤＰ（国内総生産）を比べたランキングによると日本は第十七位。ドイツは第十八位なので、差はそれほど大きくない。ドイツ人は日本よりも大幅に短い労働時間で、国民一人につき日本人とほとんど変わらないＧＤＰを生み出していることになる。ドイツ人は、日本人よりも要領が良いのだろうか？　効率を重んじるドイツ人の国民性は、彼らが今も「先進国」という看板を掲げていられる理由の一つかもしれない。

政治家たちは、市民たちに国家への依存心を減らして、老後の備えを増やすために、もっと働くように求めているが、市民たちは、三十日間の有給休暇などの既得権を、簡単には手放さないだろう。その意味で、ドイツの構造改革の道程が、長く険しいものになることだけは、間違いない。

最後になってしまったが、文庫版を担当して下さった、新潮社の大島有美子氏に心からお礼を申し上げたい。

二〇〇六年九月　ミュンヘンにて　熊谷　徹

定点観測者の声

松永美穂

「私が定点観測したいのは、ドイツとヨーロッパの変化である。その変化の行く先が、一九八九年の革命時に誰もが思ったような自由と民主主義だけではないということは、ユーゴスラビアで泥沼化した内戦が暗示している。」

『ドイツの憂鬱《ゆううつ》』（丸善ライブラリー）のあとがきに当時三十代前半の熊谷徹《くまがいとおる》さんがこう書いたのは、一九九二年二月のことだった。ドイツが再統一後の経済負担にあえぎ、東西の人々のあいだに残る心の壁や、外国人労働者や難民への排斥感情の高まりが問題になっていたころだ。それから十五年、熊谷さんはその言葉通りに頼りになる定点観測者として、ドイツの変化やヨーロッパでの動きについて、硬軟取り混ぜた興味深い報告を日本の読者に送り続けてくれている。

この十五年間を振り返ってみると、九〇年代初めにソ連が崩壊して以来、ただ一つ残った超大国アメリカが世界を振り回してきた、という印象がどうしても強くなってしまう。湾岸戦争に始まり、コソボ空爆、二〇〇一年九月十一日のテロ事件後のアフガン攻撃、イラクへの侵攻。アメリカの指導者が何を考え、どんな発言をするか、ということに注目が集まり、日本の政治指導者たちはアメリカの外交政策に寄り添って歩み続けている。そんななかで、NATOにおけるアメリカの同盟国ではあっても、ときにはその外交政策に異を唱え、海外派兵などについてもアメリカに追随せずに独自の立場をとってきたヨーロッパの国々、ことにドイツの姿勢は、日本に住むわたしたちにとって大いに参考になるのではないかと思う。

そもそも、なぜドイツなのか。ドイツはそんなにおもしろい国なのか。大学でドイツ語やドイツ文学を教え、ドイツ語圏の文学作品の翻訳に取り組んでいるわたし自身、よく訊《き》かれる質問である。わたしの場合、大学に入学して第二外国語でドイツ語を選んだときには、何らかの確信があったわけではなく、もしかしたら中国語やロシア語でもよかったのかもしれない。ドイツが自分にとって非常に気になる国になったのは、一九八〇年、大学三年生のときに初めてドイツに行ったことが大きい。三か月滞在したが、当時のドイツは東西に分裂しており、ベルリンには「壁」があった。一つの街を分断する「壁」の衝撃はやはり大きかった。「壁」の両側に住む人々がそれぞれドイツ語を話し、東と西で通貨も街並みも、流通している商品も社会システムも違うのに、平然と（とわたしには見えた）日々の生活を送っていることに驚いた。でも、個々の人と話をしてみれば、それぞれの心のどこかにやはり分断国家を憂《うれ》う気持ちがあり、自らがドイツ人であることについての複雑な思いがあることを、つたないドイツ語でコミュニケーションをとりつつもひしひしと感じた。文学を専攻していたわたしは、東ドイツで検閲を意識しつつ書かれた小説に潜む自己韜晦《とうかい》にも戸惑《とまど》いを覚え、著者の本音はどこにあるのだろう、とテクストを詳しく分析したい誘惑にかられた。ドイツはわたしにとって初めての外国だったが、ドイツ人の家庭にホームステイして価値観や生活習慣の違いに面食らい、それが逆に自分自身を振り返るきっかけにもなった。ホームステイ先の家族や、その村でできた同世代の友人とは、いまでも親しくつき合っている。（この友人はわたしと出会ったことで日本に興味を持ち始め、独学で日本語を学び、すでに四回も来日して、すっかり日本びいきになってしまった。）

わたしの場合、そうした個人的体験をきっかけに東西ドイツのことが気になりだしてから、ドイツと日本の共通点・相違点についてもいろいろと考えるようになった。遅れて近代化の始まったドイツと日本が第二次世界大戦に至るまでの歩みについて。敗戦国となってからの復興の過程について。戦争責任のとらえ方や戦後補償のあり方、再軍備の経緯、歴史教育などに関しては、日独を比較する研究書も数多く出版されている。(この点、もう一つの同盟国だったイタリアの戦後史はどうしてあまり日本と比較されないのだろう?)ドイツについて考えることは、わたしにとって、日本の歴史や現代社会を振り返る際、大いにヒントになっている。

一九八〇年以降、わたしにとってドイツとの関わりは少しずつ増えていき、一年単位で二度留学したほか、一九九〇年以降は毎年必ず二~四週間をドイツで過ごすようになった。ベルリンが首都として整備されていく様子を毎年少しずつ確かめ(何年も前から巨大な工事現場だったベルリン中央駅が、二〇〇六年にはついに完成した)、ドイツ語に英語の語彙《ごい》が増えてきたのではないかといぶかり("Kaffee to go"(テイクアウト用コーヒー)などという看板がベルリンでは珍しくない)、ドイツに行くたびに寿司《すし》屋やアジアショップが増えていることに驚く、といった体験を繰り返しているが、定点観測者という点ではやはり現地で生活している熊谷さんにかなわない。熊谷さんにはジャーナリストとしての豊富な経験があるし、ドイツ語は非常に堪能《たんのう》であることがうかがえる。インタビューもでき、政治・経済などの細かいデータもきちんとおさえつつ、ヨーロッパ全体にも目配りをしたうえで最新のドイツの姿をわたしたちに伝えてくれる日本人ジャーナリストとして、他の追随を許さない存在である。

『びっくり先進国ドイツ』は、そんな熊谷さんのミュンヘンでの生活ぶりも垣間見《かいまみ》ることができる、読んでいてとても楽しい本だ。個人主義で規則にうるさいけれど、困っている人や動物には親切なドイツ人。一見ドライだけれど記念日などを大切にするドイツ人の家族観や恋愛観、経済観念、身体感覚、生活の楽しみ方。体験に基づいた実例を挙げつつ書かれているので説得力があるし、読んでいてうんうんとうなずいてしまう箇所がたくさんあった。さらに、近年のドイツ社会の変化と、ドイツ人の働き方、会社との関係も詳しく紹介されていて興味は尽きない。長々と残業はせず、休暇はきっちり取り、職場のデスクの上は整然と片づけるドイツ人勤労者の姿が浮かび上がってくる。組合の発言力が強く、労働者の権利が手厚く保護されているという報告に、ドイツ人をうらやましく思う読者も多いことだろう。さらに、医療問題・環境政策・少子化を解決するための移民政策など、これからの日本にとっても参考になりそうなテーマが数多く取り上げられている。テーマの幅広さからも、ジャーナリストとしての熊谷さんの引き出しの多さがわかる。一つ一つのトピックがコンパクトにまとめられていて読みやすいだけでなく、著者自身の手になるイラスト（巧《うま》さにびっくり！）にも、観察眼の鋭さがよく表れている。イラストの中にはドイツ語も書いてあるので、ドイツ語学習者にも参考になりそうだ。さりげなくミュンヘンの観光案内や、カーニバル、大晦日《おおみそか》などの過ごし方も紹介されているし、ホテルの朝食の図解まであって、ドイツ旅行を計画している人にとっても参考になりそうな情報が詰まっている。サービス精神に溢《あふ》れた一冊なのだ。

つい最近のことだが、日本では二〇〇五年春から二〇〇六年春までの一年間が「ドイツ年」と銘打たれ、東京だけでなく全国のいろいろな都市で、展覧会や映画祭、演劇の公演、オペラやコンサートなどが行われた。ドイツのケーラー大統領、ゲーテ・インスティトゥートのユタ・リンバッハ総裁、現代ドイツを代表するインゴ・シュルツェやマルセル・バイヤーなどの若手作家たち、小説『朗読者』の作者であり法学者としても名高いベルンハルト・シュリンク教授といった著名人たちが、「ドイツ年」の一環で来日した。さらに二〇〇六年にはドイツを舞台にサッカーのワールドカップが開かれ、イタリアが優勝、フランスが準優勝、開催国ドイツが三位になったことは記憶に新しい。こうしたイベントや交流を通して、ドイツの文化に関心を持ったり、ドイツ人に親近感を抱く人も増えたのではないだろうか。

熊谷さんの最新刊『ドイツ病に学べ』（新潮選書、二〇〇六年八月発行）では、現在のドイツが抱える経済的な問題、増え続ける財政赤字や公共債務、ドイツ国内の人件費の高さが原因で企業の生産拠点が東欧に移されてしまうことによる失業者数の増大、少子化・高齢化社会で公的年金が危機にさらされていること、国民のあいだの格差の拡大など、まさにいまの日本でも懸案になっている数々の問題に、ドイツがどのように取り組んでいるかが紹介されていた。グローバル化する世界のなかで、ドイツと日本はいま、多くの似たような問題に直面しており、そうした意味でも日本がドイツから学べることは、ほんとうにたくさんありそうだ。「住む時間が長くなればなるほど、良い面だけでなく、悪い面も目立ってくるので、批判的な見方をするようになる」と熊谷さんは書いておられるが、辛口ももちろん歓迎である。ベテラン定点観測者として、これからもヨーロッパやドイツの新鮮な情報を日本に紹介し続けてほしい。

（二〇〇六年十月、早稲田大学教授・翻訳家）

この作品は平成十六年七月新潮社より刊行された。

びっくり先進《せんしん》国《こく》ドイツ

新潮文庫　く - 23 - 2

平成十九年一月一日発行
平成十九年一月三十日二刷

著者　熊《くま》谷《がい》徹《とおる》

発行者　佐藤隆信
発行所　株式会社新潮社

郵便番号　一六二―八七一一
東京都新宿区矢来町七一
電話　編集部(〇三)三二六六―五四四〇
読者係(〇三)三二六六―五一一一
http://www.shinchosha.co.jp

価格はカバーに表示してあります。

乱丁・落丁本は、ご面倒ですが小社読者係宛ご送付ください。送料小社負担にてお取替えいたします。

印刷・錦明印刷株式会社　製本・錦明印刷株式会社
© Tôru Kumagai 2004 Printed in Japan

ISBN978-4-10-132232-2 C0126